O GUIA HEADSPACE PARA

MEDITAÇÃO E MINDFULNESS

Andy Puddicombe

O GUIA HEADSPACE PARA MEDITAÇÃO E MINDFULNESS

Tradução
Patrícia Azeredo

3ª edição

Rio de Janeiro | 2025

CIP-BRASIL. CATALOGAÇÃO NA PUBLICAÇÃO
SINDICATO NACIONAL DOS EDITORES DE LIVROS, RJ

P974g
3ª ed.

Puddicombe, Andy, 1972-
    O guia headspace para meditação e mindfullness / Andy Puddicombe; tradução Patrícia Azeredo. – [3ª ed.]. - Rio de Janeiro: Bestseller, 2025.

    Tradução de: The headspace guide to meditation and mindfulness
    ISBN 9788576848264

    1. Headspace (Firma). 2. Meditação. 3. Meditação – Uso terapêutico. I. Azeredo, Patrícia. II. Título.

20-63966

CDD: 158.12
CDU: 159.947

Meri Gleice Rodrigues de Souza – Bibliotecária – CRB-7/6439

Texto revisado segundo o novo Acordo Ortográfico da Língua Portuguesa.

Título original
The headspace guide to meditation and mindfulness

Copyright © 2015 por Andy Puddicombe
Copyright da tradução © 2019 by Editora Best Seller Ltda.

Todos os direitos reservados. Proibida a reprodução, no todo ou em parte, sem autorização prévia por escrito da editora, sejam quais forem os meios empregados.

Direitos exclusivos de publicação em língua portuguesa para o Brasil adquiridos pela
Editora Best Seller Ltda.
Rua Argentina, 171, parte, São Cristóvão
Rio de Janeiro, RJ – 20921-380
que se reserva a propriedade literária desta tradução

Impresso no Brasil

ISBN 978-85-7684-826-4

Seja um leitor preferencial Record.
Cadastre-se no site www.record.com.br e receba informações sobre nossos lançamentos e nossas promoções.

Atendimento e venda direta ao leitor
sac@record.com.br

SUMÁRIO

Sobre o autor	7
Agradecimentos	9
Introdução	11
1: A ABORDAGEM	53
2: A PRÁTICA	103
3: A INTEGRAÇÃO	139
4: ASPECTOS PRÁTICOS	207
5: DEZ SUGESTÕES PARA VIVER COM A ATENÇÃO MAIS FOCADA	225
6: HISTÓRIAS DA CLÍNICA	233
DIÁRIO	253
FONTES DAS PESQUISAS CIENTÍFICAS	263

SOBRE O AUTOR

Andy Puddicombe é especialista em meditação e *mindfulness*. Palestrante e escritor de sucesso, Andy é a voz de tudo que está relacionado ao Headspace. Com vinte e poucos anos, no meio de uma graduação em Ciências do Esporte, Andy decidiu, subitamente, viajar para o Himalaia a fim de estudar meditação. Foi o início de uma jornada de dez anos de duração que o fez viajar ao redor do mundo e culminou com sua ordenação como monge budista tibetano no norte da Índia. A transição de volta à vida leiga, em 2004, não foi menos extraordinária. Após trabalhar no Circo de Moscou por um curto período, ele voltou para Londres e se formou em Arte Circense, no Conservatoire of Dance and Drama, enquanto fazia os primeiros planos para o que viria a ser o Headspace. Andy aparece, com frequência, em veículos da imprensa internacional como *Vogue*, *New York Times*, *Financial Times*, *Entrepreneur*, *Men's Health* e *Esquire*, e também é bastante visto na TV e na internet, com aparições na BBC, no programa de TV Dr. Oz, na Netflix e em conferências TED. Andy mora em Venice, Califórnia, com sua esposa Lucinda e seu filho Harley.

AGRADECIMENTOS

Há muitas pessoas as quais eu gostaria de agradecer por terem ajudado a transformar este projeto em realidade, mas, em primeiro lugar, estão os mestres de meditação com quem tive a sorte de estudar nos monastérios e centros de retiro ao redor do mundo. Sem os ensinamentos destes extraordinários indivíduos e as tradições de meditação que eles representam, seria impossível escrever este livro. Gostaria de agradecer especialmente a Donal Creedon pela orientação, gentileza e amizade inestimável ao longo dos anos.

Também gostaria de agradecer a minha editora, Hannah Black, e toda a equipe da Hodder & Stoughton por transformar esse processo em algo prazeroso. E também a Antony Topping, da Greene and Heaton, e Rich Pierson e Maria Schonfeld, do Headspace, por analisarem tanto trabalho não editado de forma crítica, e por todas as sugestões úteis. Por fim, agradeço a Nick Begley pela contribuição valiosa para as seções deste livro que mostram pesquisas científicas.

Gostaria de acrescentar um agradecimento especial a Ian Pierson, Misha Abramov e Marcus Cooper pela ajuda gentil e generosa ao projeto Headspace. Em nome de todos do Headspace, simplesmente não temos palavras para agradecer.

E por último, mas não menos importante, queria agradecer a minha família e amigos pelo entusiasmo ao apoiar este livro e todo o projeto Headspace. Gostaria de agradecer a minha esposa, Lucinda Insall-Jones, pelo amor, paciência e fé inabalável em tudo o que eu faço. Significa muito para mim.

INTRODUÇÃO

Já passava muito da meia-noite. Sentei em cima do muro e olhei para baixo. Os pinheiros do interior do terreno me escondiam na escuridão, mas não pude resistir ao impulso de olhar para trás uma última vez para ver se alguém havia me seguido. Como a situação chegou a este ponto? Olhei para baixo novamente. Eram pouco mais de 3,5 metros até o asfalto. Pode não parecer tão alto, mas ali, agachado, calçando um par de sandálias finas e usando um pijama, a ideia de pular me assustava. O que eu estava pensando quando calcei essas sandálias? Coloquei-as no bolso de trás da calça enquanto caminhava sorrateiramente pelo monastério, tentando não acordar os outros monges. Fui ao monastério para contemplar a vida, mas acabei escalando seu muro e contemplando minhas sandálias enquanto me preparava para saltar de volta ao mundo.

Não era para ser assim. Eu já havia estudado para ser monge budista, e em ambientes muito mais desafiadores. Os outros monastérios irradiavam uma ternura, uma abordagem gentil e carinhosa que só pode ser descrita como um estilo de vida desafiador, porém extremamente gratificante. Mas esse era diferente. Não era como nenhum outro monastério budista. Trancado dia e noite, cercado por muros altos de pedra e sem contato exterior, às vezes ele mais parecia uma prisão. A culpa era minha, é claro. Afinal, eu tinha ido até lá por vontade própria. Só que, normalmente, a vida monástica costuma ser diferente da máfia. Não é obrigatório virar monge e continuar assim para o resto da vida, sem poder mudar de ideia. Muito pelo contrário. Os monastérios budistas são conhecidos e respeitados pela tolerância e compaixão. Então como acabei pulando um muro de mais de três metros para fugir de um deles era realmente um mistério.

Tudo começou há alguns anos, quando decidi fazer as malas, viajar para a Ásia e virar monge. Eu estava na universidade, na época, estudando Ciências do Esporte. Pode parecer uma mudança dramática de estilo de vida, mas foi uma das decisões mais fáceis que já tomei. Meus amigos e familiares ficaram um pouco mais apreensivos do que eu, claro, talvez questionando se eu tinha enlouquecido de vez, mas todos me deram apoio. Na universidade, porém, foi outra história. Ao ouvir a notícia, o professor tutor daquele ano sugeriu que ir ao médico e pedir uma receita de Prozac seria uma opção mais sensata. Por mais bem-intencionado que ele possa ter sido, eu só consegui pensar que ele não estava entendendo o meu ponto. Ele realmente achava que eu encontraria o tipo de felicidade e realização que estava procurando em um vidro de remédio? Quando saí do escritório, ele disse:

— Andy, você vai se arrepender disso pelo resto da vida.

Mas, no final das contas, foi uma das melhores decisões que já tomei.

Introdução

Você deve estar se perguntando que tipo de pessoa decide, do nada, ir para a Ásia e virar monge budista. Talvez você esteja imaginando o tipo de aluno que se "automedica" e perdeu o rumo, ou o tipo "criativo" que deseja se rebelar contra a sociedade consumista. Mas a realidade era bem mais mundana. Nessa época, eu travava uma verdadeira batalha contra minha mente. Não no sentido de usar camisa de força que você pode estar pensando, mas eu lutava contra pensamentos constantes. Parecia que minha mente estava ligada o tempo todo, girando como uma máquina de lavar. Eu até gostava de alguns desses pensamentos, mas não gostava de muitos deles. O mesmo valia para as emoções. Como se a minha "cabeça agitada" não bastasse, eu sentia que estava sempre vivendo preocupações, frustrações e tristezas desnecessárias. Elas apareciam em níveis bem razoáveis, mas tendiam a sair de controle de vez em quando. E quando isso acontecia, não havia nada que eu pudesse fazer. Parecia que eu estava à mercê desses sentimentos, sempre levado por eles. Em um dia bom, tudo certo, mas em um dia ruim parecia que minha cabeça ia explodir.

Considerando a intensidade do que eu sentia, o desejo de treinar a mente nunca saía de meus pensamentos. Eu não tinha ideia de como fazer isso do jeito certo, mas entrei em contato com a meditação muito cedo e sabia que era uma solução possível. Não quero que você pense que eu era uma criança prodígio que passou a adolescência sentada no chão de pernas cruzadas, porque esse definitivamente não foi o meu caso. Eu só comecei a estudar meditação em tempo integral aos 22 anos, mas o primeiro momento de clareza mental que tive, aos 11 anos, certamente foi um marco e definiu o que era possível. Eu adoraria dizer que o desejo de entender o sentido da vida me levou a fazer a primeira aula de meditação, mas a verdade é que eu só não queria ficar de fora. Meus pais tinham acabado de se separar e, buscando um jeito de lidar com a situação, minha mãe se inscreveu em um curso de seis semanas. Como minha irmã também ia, perguntei se poderia acompanhá-las.

Acho que tive sorte da primeira vez que tentei meditar. Como eu não tinha expectativa alguma, não havia como projetar nenhum medo ou esperança na experiência. Mesmo naquela idade, é difícil ignorar as mudanças que a meditação pode trazer. Não sei se já tinha sentido a mente quieta antes, mas certamente nunca tinha ficado parado no mesmo lugar por tanto tempo. O problema, claro, foi quando não tive a mesma experiência das outras vezes que tentei e comecei a ficar muito frustrado. Na verdade, quanto mais eu tentava relaxar, mais eu me afastava do relaxamento. Foi assim que comecei a meditar: lutando contra a minha mente e ficando cada vez mais frustrado.

Agora, quando olho para trás, nem fico tão surpreso assim. A abordagem que me ensinaram nessa época era bastante "esquisita", se é que você me entende. A linguagem era mais dos anos 1960 do que de 1980, e havia tantas palavras estrangeiras que eu sempre me desligava na aula. Além disso, havia o lembrete constante de "apenas relaxar" e "apenas deixar rolar". Bom, se seu soubesse fazer tudo isso, não teria ido até lá, para início de conversa. E quanto a ficar sentado por trinta ou quarenta minutos seguidos, pode esquecer.

Essa experiência poderia muito bem ter me afastado da meditação de vez. O apoio que eu tinha era limitado, com certeza. Minha irmã ficou entediada e desistiu, e minha mãe não conseguia arranjar tempo para praticar por conta de todos os seus outros compromissos. E quanto ao apoio dos amigos, não sei

Introdução

o que passou pela minha cabeça quando comentei com alguns colegas da escola sobre isso. Assim que entrei na sala de aula na manhã seguinte, fui recebido por trinta estudantes sentados de pernas cruzadas e de olhos fechados em cima da mesa, recitando "Om" entre risadas mal disfarçadas. Embora eu ache engraçado agora, na época eu morri de vergonha. Desde então eu nunca mais falei sobre isso com ninguém, e acabei desistindo. Além disso, com esportes, garotas e festas com bebidas alcoólicas para menores de idade chegando, era difícil ter tempo para meditar.

Você pode pensar que fui criado de uma forma que me fazia aceitar o conceito de meditação com mais facilidade. Talvez você me imagine como uma pessoa diferentona na escola, andando por aí com calças boca de sino, rabo de cavalo e cheirando a incenso. Ou talvez você imagine meus pais me buscando na escola em uma Kombi movida a maconha com pinturas de flores na lateral. Digo isso porque é fácil tirar conclusões precipitadas, acreditar nos estereótipos relacionados à meditação e pensar que ela só serve para um tipo de pessoa. Mas, na verdade, eu era como qualquer outro adolescente normal.

Eu continuei tentando praticar a meditação até que, nos meus 18 anos, uma crise aconteceu, uma série de eventos trágicos aos quais vou retornar mais tarde e que acabaram dando à meditação uma importância e relevância que eu nunca havia dado. É difícil lidar com o luto em qualquer idade. Não somos treinados para isso, não há fórmula, e a maioria de nós se vira como pode. Para mim, isso significou fazer o que eu já fazia muito bem: jogar tudo para debaixo do tapete e torcer para nunca mais precisar lidar com os sentimentos de perda e tristeza que bateram em minha porta de modo tão inconveniente.

Porém, como tudo na vida, quanto mais você luta contra algo, mais tensão você cria. E, no fim das contas, essa tensão precisa achar uma saída. Vamos pular para alguns anos depois, quando eu já estava na universidade. O primeiro ano passou voando e era difícil imaginar o que mais a vida tinha a me oferecer. Mas, então, aquela tensão e os sentimentos que eu tinha repetidamente ignorado começaram a encontrar o caminho da superfície. A princípio eu só me senti desconfortável, mas, em pouco tempo, começou a parecer que eles afetavam todos os aspectos da minha vida. Encontrar o professor tutor para dar a noticia que eu tinha decidido largar tudo e me tornar monge era a menor das minhas preocupações naquele momento.

Eu tinha sido criado como cristão, mas quando cheguei à adolescência, não senti uma conexão verdadeira com nenhuma religião específica. Entretanto, eu já tinha lido alguns livros e um grande amigo meu costumava me contar sobre a filosofia e psicologia do budismo. Acho que o que me atraiu tanto foi o fato de não parecer uma religião. Além disso, as histórias da meditação e dos monges e monjas que de alguma forma haviam dominado a mente pareciam muito atraentes — não tanto pelo estilo de vida, mas pelos resultados.

Quando as pessoas me perguntam como eu virei monge, elas geralmente falam: "Então você subiu a montanha, bateu na porta do mosteiro e pediu para virar monge?" Por mais ridículo que pareça, foi exatamente assim. Mas, antes de você se empolgar e fazer as malas, devo dizer que existem outras etapas além dessa, incluindo alguns anos de treinamento como leigo, seguido por um treinamento em tempo integral como noviço e, depois, com a permissão do seu professor, você pode ser oficialmente ordenado monge ou monja.

Introdução

No início, com pressa para encontrar o professor certo, eu pulei de monastério em monastério e de país em país. Nessa época, eu morei na Índia, Nepal, Tailândia, Birmânia, Rússia, Polônia, Austrália e Escócia, percorrendo vários outros países no processo, aprendendo novas técnicas para fortalecer o que eu já tinha aprendido e fazendo o melhor para incluí-las em minha vida. Exceto pela fortaleza murada da qual eu estava prestes a fugir, todos os lugares onde morei eram acolhedores, amigáveis e imensamente propícios ao treinamento. E, sim, felizmente acabei encontrando o professor certo. Na verdade, um grupo de professores, no final das contas.

A vida de monge pode ser complicada. Nem todos entendem o lance dos "homens carecas de saia", e tentar desmistificar a meditação para um público secular vestido de monge, como eu fazia, pode passar uma mensagem bastante ambígua. Viver em uma comunidade monástica ou em um retiro onde as pessoas ao seu redor entendem a simplicidade do hábito do monge é uma coisa, mas quando você mora na cidade, tudo fica meio diferente. Quanto mais eu falava com as pessoas sobre os benefícios da meditação, mais eu descobria que muitos estavam desesperados para encontrar um jeito de relaxar, mas se sentiam desconfortáveis com o elemento religioso ao qual as túnicas automaticamente remetiam. Elas só queriam um jeito de lidar com a vida e com o estresse — do trabalho, da vida pessoal e da própria mente. Elas queriam recuperar a liberdade que lembravam ter na infância, aquela noção de gratidão por simplesmente estar vivo. Elas não estavam procurando iluminação espiritual, nem precisavam de terapia. Só queriam aprender a "desligar" ao chegar em casa do trabalho, dormir bem, melhorar seus relacionamentos e sentir menos ansiedade, tristeza ou raiva. As pessoas queriam aprender a controlar seus desejos, abrir mão dos vícios e ter um pouco mais de perspectiva em relação à vida. Mas, acima de tudo, queriam aprender a lidar com a sensação irritante de que nem tudo era como deveria ou poderia ser, e que deve haver algo mais na vida. A integração da meditação ao dia a dia da minha vida foi crucial para minha decisão de deixar de ser monge e viver como leigo.

Eu fui um monge bem tímido. Parte disso se deu pelo meu jeito introvertido de viver, mas um fator igualmente importante foi ver as condições da minha mente com mais clareza, o que me deu a sensação de estar exposto, nu, e isso era algo sobre o qual eu estava disposto a falar. Eu também estava disposto a mencionar o fato de ter virado um sedentário. Antes do treinamento monástico, eu fazia muita atividade física, e foi como se tudo isso tivesse sido pausado durante a maior parte desses dez anos. Um dia, durante uma conversa, uma amiga comentou que um antigo colega de turma estava treinando no Circo de Moscou. Como ela sabia que eu era um ótimo malabarista e já tinha feito muita ginástica, ela pensou que valeria a pena eu dar uma olhada. Em pouco tempo, eu estava tendo aulas particulares e amando. Foi durante uma dessas lições que o professor perguntou se eu sabia algo sobre a faculdade de Artes Circenses que havia em Londres. Sim, você leu certo, uma graduação universitária em Artes Circenses — sério, não tem como inventar isso! Eu sondei um pouco e o curso realmente existia. A demanda pelas vagas é surpreendentemente alta (vamos combinar, quem ia querer estudar física nuclear quando se pode ficar balançando como um macaco em um trapézio o dia inteiro?), então, no papel, minhas chances não eram boas. Em uma noite, porém, eu recebi um e--mail dizendo que tinha uma vaga com a seguinte condição: eu

Introdução

precisava assinar um termo de responsabilidade no qual estava escrito com todas as letras que eu tinha maior probabilidade de me machucar por ser velho e precisava assumir total responsabilidade por isso. Velho aos 32 anos, quem diria?

Embora a transição de monge a palhaço não pareça a mais óbvia do mundo, talvez existam mais semelhanças entre ambos do que se imagina à primeira vista. Estar consciente o tempo inteiro durante uma atividade física é essencial de um jeito que eu jamais teria imaginado. Pense em uma arte circense: seja malabarismo, andar na corda bamba, acrobacia ou trapézio, todos exigem o equilíbrio perfeito entre concentração e relaxamento. Se você se esforçar demais, comete um erro, e se não se esforçar o suficiente, você cai ou escorrega.

Um dos aspectos mais desafiadores do treinamento circense era ser levado a sair da zona de conforto o tempo inteiro — para a maioria de nós, isso todos os dias. O ego sofre um bocado, e por isso éramos estimulados a nos levar menos a sério. Curiosamente, isso é muito similar ao treinamento no monastério, onde o ego também é constantemente desafiado. Em workshops de palhaçaria (ainda acho difícil escrever isso sem rir), éramos estimulados a nos fazer de bobos, correr riscos e experimentar, sempre confiando em nossa capacidade de falhar. Éramos enviados ao palco sem qualquer material e recebíamos as instruções. E nessas horas havia apenas o silêncio, sem escapatória. Se demorássemos muito, o professor batia um tambor para indicar que o tempo havia acabado e que deveríamos sair do palco. Não havia como se esconder nos próprios pensamentos, muito menos a chance de dar uma resposta engraçadinha. Era necessário ter presença e uma sinceridade brutal para pôr para fora e ver o que acontecia. Às vezes era algo inspirador e o barato era incrível, mas em outros momentos era doloroso, com resultados humilhantes. Mas não importava. O importante era ir lá e fazer. Sem pensar, sem se preocupar com a opinião alheia ou se apegar a um resultado específico, apenas fazer.

Muitas vezes nós ficamos tão envolvidos analisando e dissecando todos os resultados possíveis que perdemos as oportunidades da vida. Claro que algumas decisões exigem uma análise cuidadosa, mas quanto mais vivemos com nossa atenção completamente focada no momento, mais começamos a sentir o que é certo. Independente de você achar que isso seja pressentimento, intuição, orientação ou apenas saber o que é certo, esta pode ser uma descoberta incrivelmente libertadora.

A CRIAÇÃO DO HEADSPACE

Ensinar meditação era algo pelo qual eu era apaixonado há muito tempo, mas eu também tinha um senso de missão, de querer passar adiante o cuidado e atenção aos detalhes que os professores me ensinaram. Quando vi o jeito que a meditação era ensinada em alguns lugares aqui no Reino Unido, achei difícil alguém conseguir qualquer benefício que fosse com ela. Embora a transição da meditação do Oriente para o Ocidente tenha sido feita com muito cuidado e sensibilidade pelos monges e monjas das tradições espirituais, no mundo secular ela foi feita do mesmo jeito que fazemos tudo: com pressa. Era como se nós simplesmente não conseguíssemos mais esperar para vivenciar uma mente tranquila. Então, as técnicas foram extraídas de modo isolado e sem qualquer contexto, sendo praticamente impossíveis de aprender. Quantas pessoas você conhece que

Introdução

tentaram meditar e desistiram? Ou pior: quantas pessoas você conhece que nem tentariam por acharem que não seriam boas? Mas sem saber o que realmente é a meditação, sem receber as instruções e orientações fundamentais para melhor abordar as técnicas, como poderia dar certo?

Como você descobrirá em breve, a prática da meditação é muito mais do que apenas ficar sentado por um determinado período de tempo todos os dias. Embora possa ser um componente fundamental, isso é apenas uma parte de um sistema mais amplo de treinamento mental que incorpora três aspectos distintos. Todos os aspectos têm a mesma importância e, para obter o máximo de sua meditação, também é preciso aprender os outros dois. Tradicionalmente, os estudantes de meditação aprendem primeiro a *abordar* a técnica, depois a *praticá-la* e, finalmente, aprenderem a *integrar* as técnicas ao seu cotidiano.

A fim de apresentar a meditação como parte deste sistema mais amplo de treinamento mental, o Headspace foi lançado oficialmente em 2010. A ideia era simples: desmistificar a meditação, fazendo com que ela fosse acessível e relevante para a vida diária moderna. Nada esquisito ou antiquado, apenas ferramentas práticas que as pessoas poderiam usar para conseguir um pouco de clareza mental. A ideia também era fazer com que o máximo de pessoas possível experimentasse a meditação, não apenas lendo sobre ela, mas praticando-a. Certamente haverá uma época em que tirar dez minutos por dia para meditar e ter um pouco de clareza mental será tão comum quanto sair para fazer uma caminhada. Há dez ou quinze anos era difícil falar a palavra "yoga" sem ouvir risinhos, mas, hoje em dia, ir à academia e fazer uma aula de yoga é tão normal quanto fazer uma aula de aeróbica (na verdade, talvez a yoga seja menos estranha).

Embora tenha levado anos de pesquisa, planejamento e desenvolvimento para transformar esse projeto em realidade, foi um piscar de olhos para a história das técnicas. Estou falando de exercícios de meditação que foram passados de professor para aluno ao longo de milhares de anos. É tempo mais do que suficiente para refinar e desenvolver as técnicas, além de resolver qualquer problema existente. Em um mundo de novidades, modas e manias, existe algo muito reconfortante nessa autenticidade. E foi esta autenticidade que me permitiu trabalhar com profissionais de saúde, adaptando as técnicas para uso médico. Esta mesma autenticidade me permitiu abrir meu próprio consultório e atuar como Consultor de *Mindfulness* Clínico, onde atendo clientes sofrendo de insônia, impotência e tudo mais.

Então lá estava eu, sentado no alto daquele muro. Olhei para trás uma última vez e pulei. Fiquei triste por sair do monastério desse jeito, mas não me arrependo de ter estado lá. Cada monastério, retiro e centro de meditação onde morei ou que visitei me ensinou algo. Sendo sincero, eu tive o privilégio e a sorte de estudar com professores incríveis, mestres da meditação no sentido mais verdadeiro do termo. Se há alguma sabedoria a ser encontrada nestas páginas, ela se deve inteiramente a eles. Acredito que a maior qualificação que tenho para escrever este livro foi ter cometido todos os erros possíveis ao longo do meu treinamento em meditação, então espero poder te ajudar a não fazer o mesmo. Isso significa dar conselhos sobre a melhor forma de abordar, praticar e integrar a meditação ao resto de sua vida. Carregar um mapa é importante, mas ter alguém para mostrar o caminho é bem diferente.

Introdução

COMO APROVEITAR ESTE LIVRO AO MÁXIMO

A meditação é uma habilidade maravilhosa com potencial para mudar sua vida, mas cabe a você escolher a melhor forma de usá-la. Com a meditação e a técnica *mindfulness* sendo cada vez mais faladas na mídia, parece que várias pessoas têm pressa para definir seu propósito. Mas a verdade é que *você* estabelece seu propósito ao decidir como usar a meditação. Quando você aprendeu a andar de bicicleta, tenho certeza que te ensinaram a parte prática, mas não disseram como essa habilidade deveria ser utilizada. Muitos usam a bicicleta para ir e voltar do trabalho, outros para sair com amigos e, para alguns, o ciclismo pode até virar uma carreira. Mas a habilidade de sentar e pedalar é a mesma para todos. Então, embora tenha aprendido a andar de bicicleta com outra pessoa, você define o que o ciclismo significa para você, como vai usá-lo e como ele melhor se adapta ao seu estilo de vida. O mesmo vale para a habilidade da meditação, que pode ser aplicada a qualquer aspecto da sua vida e terá o valor que você definir.

Para aproveitar ao máximo este livro e os vários benefícios da meditação, você não precisa focar em apenas uma área da sua vida. Não no começo, pelo menos. A meditação é muito mais ampla que isso, e seus benefícios afetam, inevitavelmente, as áreas da vida em que ela é mais necessária. Porém, para apreciar todo o seu potencial, é útil saber como outras pessoas usam a meditação. Para muitos, é o melhor jeito de acabar com todo tipo de estresse, uma espécie de aspirina para a mente ou, resumindo, um jeito de obter um pouco de clareza mental todos os dias. Para alguns, é a base de uma abordagem mais ampla para a atenção plena, uma oportunidade de entrar em contato com o que significa, ao longo do dia, estar presente e vivendo o no momento. Para outros, pode fazer parte de um plano de desenvolvimento pessoal rumo à estabilidade emocional ou de algum tipo de caminho espiritual. E existem ainda os que recorrem à meditação como forma de melhorar o relacionamento com parceiros, pais, filhos, amigos, colegas e colaboradores.

A meditação também apresenta usos muito mais específicos. Desde que o Instituto Nacional para Excelência Clínica do Reino Unido (NICE, na sigla em inglês) aprovou a meditação (ou *mindfulness*, atenção plena, como é conhecida no mundo médico), ela vem sendo usada para tratar uma vasta gama de problemas de saúde relacionados ao estresse, como ansiedade crônica, depressão, raiva, vícios, comportamento compulsivo, insônia, tensão muscular, disfunção sexual e TPM.

Fora do mundo médico, mas ainda com a intenção de atuar em aspectos específicos da vida, muitas pessoas usam a meditação para melhorar os resultados em uma disciplina, trabalho, hobby ou esporte específico (a equipe olímpica dos EUA é um bom exemplo disso). Por fim, imagine só, a meditação foi adotada pelos fuzileiros navais norte-americanos para deixá-los mais concentrados e eficientes na frente de batalha.

A MEDITAÇÃO E A MENTE

Pode parecer difícil que a meditação tenha tantos benefícios. Mas, pensando bem, tudo o que envolve a mente se beneficiará com a meditação. É como fazer ajustes sensíveis no disco rígido de um computador. E existe algo feito por você que *não* envolva o uso da mente? Considerando o papel central da mente em nossas vidas, é impressionante que a revolução causada pela meditação não tenha acontecido antes. Não pensamos duas vezes na hora de exercitar o corpo (na maioria das vezes, pelo menos), mas deixamos o bem-estar da mente em segundo plano. Não importa se isso acontece porque ninguém mais pode vê-la ou por acreditarmos que é uma causa perdida. O fato é que toda a nossa existência é vivida através da mente. Dependemos dela para formar nossos ideais de felicidade e realização pessoal, e para ter bons relacionamentos com os outros. Portanto, reservar alguns minutos todos os dias para fazer esse treinamento e manutenção da mente é apenas uma questão de senso comum.

A MEDITAÇÃO É UMA EXPERIÊNCIA

Além de ser uma habilidade, a meditação também é uma experiência. Isso significa que é preciso *fazê-la* para apreciar completamente o seu valor. A meditação não é só mais um conceito fofinho ou ideia filosófica, mas uma experiência direta do momento que se vive. Do mesmo modo que você define o *propósito* da meditação, também cabe a você estabelecer a *experiência* da meditação. Imagine um amigo descrevendo um prato delicioso que comeu em um restaurante. Agora imagine ir até lá e comer essa refeição. Ouvir sobre a comida e sentir o gosto dela são duas experiências totalmente diferentes, certo? Ou imagine ler um livro sobre paraquedismo. Não importa o quanto você reflita sobre as palavras do autor e se visualize pulando de três mil metros de altura, a experiência nunca chegará perto de se jogar de um avião em movimento e descer a 190 quilômetros por hora em direção ao solo. Então, para *meditar* é preciso *fazer*.

Tenho certeza que você sabe como é comprar um livro novo, se sentir inspirado pela leitura, assumir o compromisso de mudar sua vida e, poucos dias depois, voltar aos mesmos hábitos de sempre, se perguntando por que tudo deu errado. Assim como ficar sentado em casa lendo um livro de dieta enquanto toma um belo sorvete de chocolate não vai te deixar mais magro, apenas *pensar* no que está escrito neste livro não vai te dar mais clareza mental. Tudo bem, talvez te dê *um pouco* de clareza mental, mas a questão é que você precisa *fazer* os exercícios para vivenciar os benefícios reais. E, de preferência, não fazer só uma ou duas vezes. Assim como ir à academia, meditar só funciona se você praticar regularmente. Na verdade, a verdadeira mudança vai acontecer nos momentos em que você coloca o livro de lado e pratica as técnicas. A mudança é sutil e intangível, mas profunda. Ela envolve uma noção maior de consciência e compreensão que inevitavelmente vai mudar o modo como você se sente em relação a si e aos outros.

Mas para você realmente aproveitar este livro ao máximo, vale a pena pensar na possibilidade de que nem tudo o que você ouviu ou leu sobre meditação é necessariamente verdade. Alguns desses mitos são extraordinários, para ser sincero. Mas, infelizmente, muitas das concepções errôneas mais populares sobre a meditação só reforçam os mesmos padrões de pensamento que a maioria das pessoas gostaria de mudar. Nós tendemos a nos apegar muito a essas ideias e, como velhos amigos, elas parecem familiares e confortáveis de ter por perto. Contudo, para que a real mudança aconteça, é preciso ter uma certa abertura, uma disposição para investigar. Este livro não foi escrito para dar uma resposta definitiva ou para dizer no que você deve acreditar ou como deve pensar. Ele também não foi escrito para resolver todos os seus problemas e te oferecer a felicidade eterna. Mas este é um livro que tem potencial para transformar profundamente sua experiência de vida se você decidir colocar os ensinamentos em prática.

A meditação não é sobre virar uma pessoa diferente, nova ou melhor. É sobre treinar a consciência, entendendo como e por que você pensa e sente da forma que costuma fazer, além de desenvolver uma noção saudável de perspectiva nesse processo. Ao agir desta forma, qualquer mudança que você deseje fazer em sua vida ficará muito mais viável. Mais do que isso: a meditação ensina a ficar bem com o jeito que você é e como você se sente. Faça o teste. Não acredite que funciona só por que os cientistas falaram. Por mais valiosa e fascinante que sejam as pesquisas, elas não têm importância alguma se você não vivenciar diretamente os benefícios da meditação. Sendo assim, siga as instruções, consulte-as mais uma vez, dê um tempo para que funcione, tenha paciência e veja o que dez minutos diários podem fazer por você.

HEADSPACE: O APLICATIVO

Embora este livro contenha tudo o que você precisa saber para começar a meditar, o aplicativo Headspace pode ser um importante complemento. Ele fornece um curso de meditação com pequenas doses de *mindfulness*, guiado por mim. O aplicativo também oferece animações e vídeos muito úteis. Você pode baixá-lo diretamente na App Store e no Google Play (basta procurar "Headspace meditation") ou visitar o nosso site: headspace.com.

AS TÉCNICAS

Ao longo deste livro, você vai encontrar exercícios feitos especialmente para começar e manter o hábito de meditar. Pode ser um exercício curto de dois minutos que apresente um aspecto específico da meditação, ou a versão completa de dez minutos, conhecida como Take10, na seção dedicada à prática. Também pode ser um exercício de *mindfulness* feito para trazer consciência a atividades cotidianas como comer, caminhar e fazer exercícios físicos. Existe até um exercício para te ajudar a ter uma boa noite de sono. Mas lembre-se: você só sentirá o verdadeiro benefício delas quando deixar o livro de lado e fechar os olhos para meditar.

AS HISTÓRIAS

As instruções para a meditação costumam ser dadas em forma de história, e esta é uma tradição que mantive ao escrever este livro. As histórias facilitam o entendimento de conceitos difíceis, e fazem com que seja mais simples se lembrar de certas instruções. Muitas narrativas apresentadas aqui envolvem minhas concepções errôneas e dificuldades com a meditação que encontrei pelo caminho. Claro, seria muito fácil escrever sobre os momentos em que me senti relaxado, calmo e até feliz quando meditava, ou sobre a mudança radical e positiva que a

Introdução

meditação causou em minha vida. Mas o verdadeiro valor está em olhar para os erros que cometi e compartilhá-los com você. Foram nesses momentos que o aprendizado aconteceu, e posso usar essas experiências para te ajudar a desenvolver um pouco de clareza mental.

A CIÊNCIA

Com o avanço da tecnologia de imagens por ressonância magnética e de softwares sofisticados de mapeamento cerebral, os neurocientistas já podem observar o cérebro de um jeito totalmente novo. Isso significa que eles conseguiram descobrir exatamente o que acontece no cérebro quando estamos aprendendo a meditar, assim como alguns efeitos da prática a longo prazo. Primeiro, eles cogitaram que a *atividade* do cérebro mudava durante a meditação, mas diversos estudos mostraram que a própria estrutura do cérebro é capaz de mudar, em um processo conhecido como neuroplasticidade. Então, do mesmo modo que treinar o corpo pode deixar um músculo específico maior e mais forte, treinar a mente com a meditação pode deixar a área do cérebro associada à felicidade e ao bem-estar maior e mais forte.

Para muitas pessoas, essas pesquisas recentes podem motivar, inspirar e ajudar a aumentar a confiança — principalmente no início do aprendizado da meditação. Por isso, incluí algumas dessas descobertas científicas no fim das seções dedicadas à abordagem, prática e integração. Os estudos se relacionam especificamente com as informações desses capítulos, mas têm uma relevância muito mais ampla. Para saber mais sobre as pesquisas relacionadas à meditação e *mindfulness*, visite headspace.com.

OS ESTUDOS DE CASO

Além das histórias mencionadas acima, você também encontrará um capítulo chamado Histórias da clínica, que reúne uma série de estudos de casos que atendi ao longo dos anos. Algumas dessas pessoas foram encaminhadas a mim pelo médico ou clínico geral com sintomas específicos, mas muitos outros vieram apenas porque buscavam mais clareza mental na vida. Gentilmente divulgados com a permissão de cada indivíduo, esses estudos demonstram a simplicidade, a força e o potencial de praticar a meditação diariamente.

DIÁRIO E FEEDBACK

Embora a meditação seja principalmente sobre abrir mão, manter um diário na fase inicial pode realmente fazer diferença. Você pode usar o diário fornecido no final deste livro para acompanhar seu progresso. Eu também recomendo participar da comunidade Headspace no Facebook, onde é possível trocar experiências e fazer perguntas.

MEDITAÇÃO E *MINDFULNESS*: QUAL A DIFERENÇA?

Vamos combinar: é difícil ouvir a palavra "meditação" sem pensar em um iogue vestindo uma tanga no alto de uma montanha em algum lugar do Himalaia. Ou em um monge careca vestindo

Introdução

uma túnica laranja, sentado em um monastério, recitando cantos, tocando sinos e soprando cornetas, coberto por uma nuvem densa de incenso (eu era assim). Talvez você pense em hippies chapados usando camisetas tie-dye, ou em grupos de entusiastas da Nova Era correndo pela floresta e se revezando para abraçar árvores. Não tem escapatória, a palavra "meditação" carrega toda uma bagagem.

Quando alguns médicos ocidentais progressistas tentaram apresentar a meditação aos sistemas saúde, há mais de trinta anos, foram ridicularizados no hospital onde trabalhavam. Sem se abalar, eles mudaram o nome para "mindfulness" e continuaram a pesquisa. Embora a técnica *mindfulness* conhecida no Ocidente tenha origem na tradição meditativa budista, não há nada inerentemente budista nela. *Mindfulness* é o principal ingrediente da maioria das técnicas de meditação, e vai muito além do aspecto formal de ficar sentado de olhos fechados. Significa estar presente no momento, sem distrações, e implica em descansar a mente para alcançar seu estado natural de percepção, livre de qualquer preconceito ou julgamento. Parece bom, não é? Isso contrasta com a forma como maioria de nós vive: constantemente envolvidos com cada pequeno (e grande) pensamento e sentimento, sempre críticos e julgando a nós mesmos e os outros.

Geralmente, quando estamos envolvidos em todos os pequenos detalhes é que começamos a cometer erros. Pelo menos sempre foi assim para mim. E esses erros podem afetar nosso desempenho no trabalho, nossos relacionamentos e até a nossa conta bancária. Sempre que penso na falta de atenção, eu me lembro da época em que morava em Moscou. A escola onde eu trabalhava me pagava em dólares americanos e, como o salário era muito bom, eu conseguia guardar um pouco de dinheiro todo mês. Isso aconteceu logo após a crise financeira do fim dos anos 1990, então ninguém confiava nos bancos. As pessoas escondiam dinheiro embaixo do colchão ou tentavam encontrar um jeito de tirá-lo do país. Eu estava economizando para um retiro de meditação, então, no próximo voo de volta para o Reino Unido, decidi levar tudo que tinha guardado.

O governo tinha estabelecido regras rígidas para tirar dinheiro do país, e a principal era: *não era permitido* tirar dinheiro do país. Então eu escondi 500 dólares na parte da frente da cueca. Enquanto estava de pé ali, vestindo a túnica de monge e com um bolo de dinheiro enfiado na cueca, não consegui deixar de me sentir levemente culpado, não importa o quão boa fosse a intenção de gastá-lo em um retiro. Na verdade, fui tão tomado pela ansiedade e ensaiei tanto meu russo para falar com os oficiais da alfândega que, na hora de ir ao banheiro, esqueci completamente que tinha colocado o dinheiro lá.

Como é de costume, o banheiro estava cheio. Então, sem mictórios disponíveis, eu entrei em uma das cabines. Não vou entrar em detalhes, mas esse banheiro já tinha visto dias melhores, e quem usou por último não tinha puxado a descarga. Eu ainda estava com a cabeça nas nuvens e preocupado quando levantei a túnica. E então aconteceu. Antes que eu pudesse fazer alguma coisa, observei, horrorizado, os 500 dólares em notas soltas caírem no vaso. Nem preciso dizer que se eu estivesse mais atento e menos envolvido em meus pensamentos, isso nunca teria acontecido. Eu me distraí, e quando isso acontece, cometemos erros. Você pode estar se perguntando o que aconteceu depois: eu realmente deixei os 500 dólares flutuarem no vaso ou arregacei as mangas e fiz o inimaginável? Vamos apenas dizer que acabei indo ao retiro.

Introdução

Mindfulness significa estar presente. Significa estar "no momento", experimentando a vida no tempo exato em que ela se desenrola, em vez de se distrair, se envolver ou se perder em pensamentos. Não é um estado mental forçado ou temporário que você precisa criar ou manter de alguma forma. Pelo contrário, é um jeito de parar e descansar a mente, deixando-a em seu estado natural, livre do caos de sempre. Tire um tempo para imaginar como seria viver desta forma. Imagine como seria deixar toda a bagagem, as histórias, os argumentos, os julgamentos e os planos que ocupam tanto espaço na mente. É isso que significa ter atenção plena.

Porém, após passar a vida inteira perdido em pensamentos, as condições certas são necessárias para aprender a se afastar desse hábito. É aí que entra a meditação. Não há nada de místico nela. É apenas uma técnica para fornecer a você condições ideais para praticar a habilidade de manter sua atenção focada no presente.

Claro que você pode experimentar o ato de estar "no momento" ou totalmente absorto no presente com qualquer atividade, não só durante a meditação. Na verdade, você com certeza já teve essa sensação muitas vezes na vida. Talvez esquiando montanha a baixo, andando de bicicleta, ouvindo sua música favorita, brincando com seus filhos ou até vendo o pôr do sol. O problema com essa abordagem é que ela tende a ser um pouco falha, então não conseguimos ter esta sensação com tanta frequência. Porém, ao se sentar para meditar todos os dias, mesmo que seja por um curto período, a sensação de estar presente, consciente e no momento passa a ser cada vez mais familiar, o que torna mais fácil aplicá-la ao resto da sua vida. Assim como no aprendizado de qualquer nova habilidade, para extrair o melhor dela será preciso fornecer as melhores condições de aprendizado. Na verdade, a prática da meditação fornece condições *tão* boas para aprender *mindfulness* que, para muitos, acaba sendo o objetivo final. Tirar apenas dez minutos de descanso para a mente todos os dias pode ser o suficiente.

O conceito de *mindfulness* e meditação e como eles se relacionam não é necessariamente fácil de entender. Então, experimente pensar nele desta forma: imagine que você está aprendendo a dirigir um carro. Você provavelmente escolheria começar por uma estrada tranquila em vez de uma via expressa movimentada. Claro que você pode dirigir nas duas, mas uma é muito mais fácil que a outra quando se está aprendendo. O mesmo vale para o *mindfulness*. Você pode usá-la em qualquer situação e para qualquer fim, mas o jeito mais fácil de aprender essa habilidade é durante a meditação. O engraçado é que mesmo quando você estiver confiante a ponto de aplicar o *mindfulness* em sua vida diária, você provavelmente ainda vai querer tirar um tempinho para meditar todos os dias. Isso acontece porque não importa quão bem você dirija, há algo de reconfortante e até revigorante em dirigir em uma estrada tranquila, impossível de se comparar com uma via expressa. Além disso, a estrada tranquila também oferece tempo e espaço para observar o que está acontecendo ao redor e admirar a paisagem.

A diferença entre meditação e *mindfulness* pode não parecer tão importante, e é comum elas serem usadas de forma trocada. Mas a menos que você esteja prestes a fazer as malas e começar uma vida nova como monge ou monja, essa diferença importa muito. Afinal, se você não estiver em um retiro em uma montanha, sua quantidade de tempo para praticar a meditação de um jeito formal e estruturado será sempre limitada. Frequentemente eu ouço pessoas dizendo "Não tenho tempo para meditar. Sou ocupado demais. Tenho muitas coisas para fazer, estou muito estressado!". Porém, se olharmos o contexto mais amplo, em termos de treinamento e do cultivo da mente através da meditação, independentemente de onde estamos ou do que fazemos, então subitamente tudo começa a parecer mais possível. No mínimo, vai parecer mais compatível com todas as responsabilidades e compromissos da vida moderna. E é isso que vai fazer deste livro um guia tão valioso para você: ele vai te mostrar como viver no mundo e praticar a meditação em pequenas doses diárias para encaixá-las na sua agenda, mas com duração suficiente para fazer a diferença. Ele também vai mostrar como você poderá usar essa ideia mais ampla de "treinamento mental" ou "atenção plena" para transformar sua experiência do cotidiano.

Tenho certeza que alguns praticantes experientes vão ficar horrorizados com essa ideia de meditar em dez minutos. Se você for um deles, acredito que ela possa parecer o equivalente a uma refeição congelada para micro-ondas. Mas observe as intenções do treinamento mental um pouco mais atentamente e você verá que a ideia de meditar um pouco e com regularidade faz muito sentido. Precisamos ser flexíveis, receptivos e ter capacidade de adaptação ao abordar a meditação. Ficar sentado e perfeitamente imóvel durante uma hora é ótimo, mas se você não consegue se manter focado por todo esse tempo, terá poucos benefícios com a prática. E as outras 23 horas do dia? Como em tantas outras áreas da vida, meditar é uma questão de qualidade, em vez de quantidade. Comece tirando apenas dez minutos por dia. Se você achar fácil, quiser fazer mais e tiver tempo para isso, ótimo. Mas ainda existem muitos benefícios em meditar apenas dez minutos por dia. Mesmo se eu ignorar todos os benefícios causais que vi e ouvi em todos esses anos, agora existem evidências científicas significativas (que você verá ao longo do livro) para afirmar o quanto sessões curtas, regulares e diárias de meditação fazem bem à saúde.

O QUE É A CLAREZA MENTAL?

Se o *mindfulness* é a capacidade de estar presente e descansar independentemente do que você esteja fazendo, e a meditação é a melhor forma de aprender essa habilidade, então a "clareza mental" (*headspace*, em inglês) pode ser considerada o resultado. Estou usando a expressão no contexto mais amplo possível. Na verdade, muitas pessoas preferem usar a palavra "felicidade". O problema com essa palavra é que ela tende a ser confundida com a *emoção* da felicidade. Não me entenda mal: rir, sorrir, aproveitar e se divertir são aspectos maravilhosos da vida. Quem não quer ter tudo isso com mais frequência? Mas a vida não é assim o tempo todo. Eventos inesperados acontecem. E esses "eventos" nem sempre são bons. Por mais que tentemos ignorar, às vezes a vida pode ser difícil, estressante, perturbadora e até dolorosa. Então o tipo de felicidade que vem e vai dependendo das circunstâncias e do humor é temporária e instável demais para nos oferecer qualquer sensação duradoura de calma ou clareza.

É por isso que prefiro a expressão "clareza mental". Ela descreve uma noção fundamental de paz, uma sensação de realização ou contentamento inabalável, independentemente da emoção que esteja presente naquele momento. A clareza mental não é uma qualidade que depende das emoções superficiais; ela pode ser vivenciada da mesma forma tanto em períodos de tristeza ou raiva quanto em épocas de empolgação e risos. Essencialmente, é "estar bem" com os pensamentos que você está vivenciando

Introdução

ou as emoções que está sentindo. É por isso que a meditação traz uma sensação tão boa, até na primeira vez, muitas das vezes. Ela não (necessariamente) te faz ficar nas nuvens ou rolar no chão de tanto rir, mas deixa uma sensação de ter alcançado essa noção fundamental de contentamento na qual você simplesmente sabe que tudo vai ficar bem. As consequências disso podem mudar a sua vida.

A diferença entre clareza mental e a emoção da felicidade é importante. Por algum motivo acreditamos que a felicidade deve ser o padrão da vida e, portanto, qualquer sensação diferente está errada. Com base nesta suposição, tendemos a resistir à fonte de infelicidade — física, mental e emocionalmente. Normalmente, é nesse estágio que tudo se complica. A vida pode começar a parecer um fardo e uma luta sem fim para buscar e manter essa sensação de felicidade. Ficamos viciados no entusiasmo ou prazer temporário de uma nova experiência, seja lá qual for, e depois precisamos alimentá-la o tempo todo. Não importa se usamos alimentos, bebidas, drogas, roupas, carros, relacionamentos, trabalho ou até a paz e quietude da vida no campo para isso. Se dependermos disso para ser felizes, somos prisioneiros. O que acontece quando não conseguimos mais alimentá-la? E o que acontece quando a empolgação acaba?

Para muitos, a vida gira em torno dessa busca pela felicidade. Mas quantas pessoas verdadeiramente felizes você conhece? E com isso eu quero dizer: quantas pessoas você conhece que têm uma sensação inabalável e fundamental de clareza mental? Essa abordagem de buscar uma experiência feliz após a outra ajudou você a alcançar a clareza mental? É como se corrêssemos por aí criando uma verdadeira confusão mental em busca de uma felicidade *temporária*, sem perceber que o ruído abafa a clareza mental que já está ali, apenas esperando para ser reconhecida.

O guia do Headspace para meditação e *mindfulness*

Durante minhas viagens à Índia, conheci um homem chamado Joshi. Ele era uma dessas pessoas que você gosta de cara. Um dia, enquanto estávamos esperando o ônibus, ele começou a bater papo comigo. Como qualquer pessoa que esteve na Índia sabe, essa espera pode ser longa, especialmente nas montanhas. Nós nos demos bem e tínhamos alguns interesses em comum, sendo o principal deles a meditação. Nas semanas seguintes, passamos muito tempo conversando e trocando experiências. A cada dia Joshi contava um pouquinho mais de sua vida.

Alguns anos antes de nos encontrarmos, Joshi vivia com a esposa e quatro filhos. Como seus pais não eram ricos, eles moravam com a família. Joshi disse que embora fosse uma casa bem cheia, era também um lugar muito feliz. Mas, pouco tempo após a esposa ter voltado ao trabalho depois do quarto filho, ela morreu tragicamente em um acidente de trânsito. Seus sogros e o filho recém-nascido estavam com ela no carro. Foi um acidente muito grave e ninguém sobreviveu. Quando penso em Joshi me contando essa história, meus olhos ainda se enchem de lágrimas. Ele disse que a dor tinha sido insuportável, que ele não conseguia enfrentar o mundo e tudo o que desejava era se refugiar em si mesmo e não sair de casa. Mas seus pais lembraram que ele ainda tinha três filhos que precisavam de cuidados e apoio e, mais do que nunca, de um pai presente. Então Joshi se dedicou a cuidar das crianças e dar atenção total a elas sempre que podia.

Alguns meses depois, as monções chegaram, trazendo as enchentes típicas daquela região do país. O resultado foi muita água parada na região, e a incidência de doenças aumentou dramaticamente. Junto com várias outras crianças do vilarejo, os filhos de Joshi ficaram muito doentes. A mãe dele também adoeceu. Em duas semanas, os três filhos e a mãe de Joshi morreram. Ela

Introdução

já estava fraca e morreu rápido, enquanto as crianças eram mais fortes, mas não a ponto de enfrentar a doença. Em três meses, ele perdeu a esposa, a mãe, os filhos e os sogros. Seu pai foi o único sobrevivente de toda a família. Sem conseguir ficar na mesma casa que havia testemunhado tanta tragédia, Joshi foi morar com seus amigos. Incapaz de sair do local que sempre chamou de lar, o pai continuou na casa. Poucos dias depois da mudança, Joshi recebeu a notícia que a casa tinha se incendiado com o pai aparentemente preso lá dentro. Joshi contou que ainda não sabe ao certo se foi um acidente ou se o pai decidiu que simplesmente não conseguia continuar.

Enquanto ouvia o desenrolar dessa história, eu me sentia cada vez mais envergonhado pelos meus lamentos e reclamações da vida, sempre querendo que tudo fosse exatamente do meu jeito e não ficando satisfeito até que isso acontecesse. Como eu podia ficar tão transtornado com o atraso do trem, por ser acordado no meio da noite ou por uma discussão com um amigo? Eu tinha diante de mim um homem que sofreu de um jeito que eu nunca poderia imaginar, e ainda assim parecia ter uma calma e presença extraordinárias. Perguntei o que ele fez desde que perdeu a família, e ele contou como havia se mudado para um novo local. Como ele não tinha família, casa ou dinheiro, foi obrigado a encarar a vida de um modo bem diferente. No final das contas, ele escolheu morar em um centro de meditação, onde passava a maior parte do tempo. Quis saber se ele achava que o tempo dedicado à meditação mudou seus sentimentos sobre o que havia acontecido. Joshi respondeu que os sentimentos continuaram os mesmos, mas a forma como ele os sentia mudou. Ele disse que embora ainda sentisse a perda e ficasse triste às vezes, agora percebia isso de modo diferente. Joshi me contou como encontrou um lugar entre esses pensamentos e sentimentos onde havia uma noção de paz, quietude e calma. Era a única coisa que ninguém poderia tirar dele: não importava o que mais acontecesse em sua vida, Joshi sempre teria como voltar para esse lugar dentro de si.

Embora esse possa ser um exemplo radical, a vida vai, inevitavelmente, oferecer desafios para todos nós, situações que preferíamos que fossem diferentes ou acontecessem de outra forma (embora nenhuma tão trágica quanto a história do Joshi, se tivermos sorte). Nada, nem mesmo a meditação, consegue mudar isso. Faz parte de ser humano e viver neste mundo. Às vezes você irá se deparar com situações externas que *exigem* mudança e até te obriguem a mudar, e você precisará enfrentar essas situações com habilidade e uma atenção focada. Mas quando se trata do jeito de pensar e sentir em relação a elas, o ponto de partida é reconhecer que a mente define sua experiência. Por isso é tão importante treiná-la. Ao mudar seu jeito de *ver* o mundo, você efetivamente *muda* o mundo ao seu redor.

Eu acho que as pessoas frequentemente interpretam mal essa parte, sentindo que precisam abrir mão dos seus sonhos e ambições a fim de praticar meditação. Mas definitivamente não é o caso. Há algo inerentemente humano na luta para alcançar um objetivo, e ter um propósito e direção na vida é vital. Mas se a meditação pode ser usada algo, é para esclarecer e auxiliar esse propósito, porque a prática vai te mostrar, de modo bem direto, que a sensação duradoura de felicidade e a noção de clareza mental não dependem disso. Assim, você poderá viver com uma ideia maior de liberdade e tranquilidade, com a certeza do rumo que está seguindo na vida e sem se apegar ao resultado, evitando que um obstáculo inesperado ou resultado desfavorável traga mágoa e perda. É uma mudança de perspectiva sutil, porém profunda.

A NECESSIDADE DA CLAREZA MENTAL

Quando foi a última vez que você ficou sentado, imóvel, focado e sem distrações, TV, músicas, livros, revistas, comida, bebida, telefone, computador, amigos, familiares ou algo no qual precisava pensar ou resolver em sua mente? Se você nunca meditou, então meu palpite é: provavelmente nunca. Porque no geral, mesmo quando estamos apenas deitados na cama, continuamos envolvidos no processo de pensar. Então, para muita gente, a ideia de não fazer absolutamente nada parece chata na melhor das hipóteses e muito assustadora na pior. A verdade é que estamos tão ocupados fazendo algo o tempo todo que não temos mais qualquer referência do que significa ficar parado, apenas descansando a mente. Estamos viciados em "fazer algo", mesmo que seja apenas pensar. Então não é uma surpresa que ficar sentado, quieto e sem distrações, possa parecer um pouco esquisito no começo.

Primeiro exercício: não fazer

Experimente esse exercício. Sem sair de onde você está, tente fechar o livro e colocá-lo em seu colo. Não é preciso ficar sentado de um jeito específico, basta fechar os olhos calmamente e parar por uns dois minutos. Não tem problema se vários pensamentos surgirem, você pode deixá-los ir e vir por enquanto, mas sinta como é ficar quieto e sem fazer nada por apenas um ou dois minutos.

Como foi? Talvez tenha sido bem relaxante não fazer nada. Ou talvez você tenha sentido a necessidade de "fazer" algo, mesmo que fosse dentro do exercício. Talvez você tenha sentido a ânsia de se concentrar em algo, de se ocupar de alguma forma. Não se preocupe, isso não é um teste e vai haver muitas coisas para ocupar você quando chegarmos à meditação, na próxima parte do livro. Mas acredito que haja algo benéfico, mesmo nesse estágio inicial, em perceber o hábito ou desejo de *fazer* algo o tempo todo. Se você *não* vivenciou a ânsia de fazer algo, pode tentar repetir o exercício, agora por mais alguns minutos.

Vejam bem: não estou sugerindo que tenha algo errado em assistir televisão, ouvir música, tomar um drinque, fazer compras ou bater papo com os amigos. Pelo contrário, tudo isso deve ser apreciado. Mas é útil reconhecer que tudo isso oferece um tipo de felicidade *temporária* em vez de uma sensação duradoura de clareza mental. Você já terminou um dia de trabalho se sentindo completamente esgotado e com a mente agitada? Talvez você tenha decidido apenas "desligar" à noite e ver um pouco de TV para se sentir melhor. Se o programa for bom e você se entreter totalmente, ele pode te dar uma folga de todos esses pensamentos. Porém, se ele não for muito interessante ou tiver muitos comerciais, provavelmente terá criado espaço suficiente para que os pensamentos surjam de vez em quando. De qualquer modo, quando o programa acabar, é bem provável que todos os pensamentos e sentimentos voltem a inundar você. Eles podem não voltar com a mesma intensidade, é claro, mas provavelmente estavam lá no fundo da sua mente o tempo todo.

E é assim que a maioria das pessoas vive, correndo de uma distração para a outra. Quando estão no trabalho, ficam ocupadas e distraídas demais para ter consciência de como realmente

Introdução

se sentem, então, quando chegam em casa, são subitamente confrontadas com muitos pensamentos. Se elas conseguem se ocupar durante a noite, talvez nem cheguem a ter consciência desses pensamentos até a hora de dormir. Você sabe como é: basta colocar a cabeça no travesseiro para a mente começar a trabalhar a mil por hora. Claro que os pensamentos estavam lá o tempo todo, mas você ganha consciência deles quando não tem distrações. Ou pode ser o contrário. Algumas pessoas têm uma vida social ou familiar tão agitada que é só quando vão trabalhar que tomam consciência do quanto estão esgotadas e de todos os pensamentos correndo em suas mentes.

Todas essas distrações afetam a capacidade de se concentrar, produzir e viver em um nível minimamente decente. Não preciso dizer que se a mente está sempre correndo de um pensamento para outro, a capacidade de concentração ficará seriamente prejudicada.

Segundo exercício: os sentidos

Tire mais dois minutos para fazer este breve exercício. Como você fez antes, fique exatamente onde está agora. Após colocar o livro no colo, concentre-se lentamente em um de seus sentidos, de preferência na audição ou visão. Eu recomendaria que você fechasse os olhos se concentrasse nos sons ao seu redor, mas como sons podem ser um pouco imprevisíveis, talvez você prefira manter os olhos abertos e olhar para um objeto específico no quarto ou um ponto na parede. Independente do sentido escolhido, tente se concentrar nele pelo máximo de tempo possível, de um jeito bem calmo e tranquilo. Se você se distrair com pensamentos ou com seus outros sentidos, basta trazer a atenção de volta ao objeto e continuar como antes.

O que você achou? Conseguiu se concentrar com facilidade ou descobriu que a mente fica vagando por outros pensamentos? Quanto tempo levou até você se distrair? Talvez você tenha conseguido se sentir vagamente consciente, mas continuou pensando em outras coisas ao mesmo tempo. Por mais incrível que pareça, manter a concentração em um objeto por um minuto é uma conquista e tanto para muita gente. Quando você pensa em quanto tempo precisa passar concentrado no trabalho, cuidando da família, ouvindo um amigo ou até dirigindo, não conseguir manter o foco por muito tempo pode ser preocupante.

REFÉNS DA TECNOLOGIA

Como se já não existissem formas suficientes de evitar o que está acontecendo em nossas mentes, agora temos e-mails e redes sociais em nossos celulares para nos distrair *de verdade* o dia inteiro. Por mais conveniente que seja, isso significa que, agora, até o mais leve sentimento de tédio ou impaciência é um gatilho para entrar na internet e se ocupar. Tire um momento para pensar nisso. Qual é a primeira coisa que você faz todos os dias? Checar seus e-mails? Talvez mandar mensagens no Facebook ou interagir com amigos e colegas de trabalho no Twitter? E qual é a última coisa que você faz antes de dormir? Se as pesquisas estiverem corretas, há uma grande chance de você fazer pelo menos uma dessas coisas no fim do dia, se não todas. É bem difícil se desligar quando você está permanentemente conectado.

Eu li uma matéria em um jornal sobre um homem que ficou tão viciado em tecnologia e tinha tanto medo de perder algo importante ou ofender alguém ao não responder suas mensagens

Introdução

que passou a dormir com o smartphone no peito. Além disso, ele levava o laptop para a cama e dormia com ele *ao seu lado* — na cama mesmo. Estamos falando de um homem casado (pelo menos era quando este livro foi escrito) que divide a cama com a esposa. Ironicamente, ele recebia tantas informações online que, apesar de levar o computador para a cama, conseguiu perder um e-mail no qual lhe ofereciam 1,3 milhão de dólares pela empresa que estava vendendo. Pode ser um exemplo radical, mas praticamente todo mundo que conheço se sente sobrecarregado pela quantidade de informações que recebem na internet. Quando vivia como monge, eu costumava pensar: "Bom, é só desligar os aparelhos e não usá-los." Mas vivendo em nosso mundo e tendo que usar tudo isso em meu trabalho, agora entendo que não é tão simples desligá-los ou ignorá-los. Então, em vez de tentar parar ou mudar, precisamos aprender a nos relacionar com a tecnologia de modo hábil e sem nos sobrecarregar.

PRINCÍPIOS FUNDAMENTAIS PARA TREINAR A MENTE

Essa ideia nos traz de volta aos princípios fundamentais para treinar a mente. O *mindfulness* não exige qualquer tipo de mudança. Ao conhecer cada vez mais sua mente, você pode descobrir que deseja fazer algumas alterações em sua vida externa, mas isso cabe inteiramente a você. Não é preciso abrir mão de tudo ou mudar radicalmente seu estilo de vida. Mudanças dramáticas raramente são duradouras, o que torna a vida com *mindfulness* tão possível. Você pode continuar a viver como sempre viveu, se assim desejar. *Mindfulness* é sobre aprender a mudar a *experi-*

ência desse estilo de vida. É sobre descobrir um jeito de viver do jeito que você é, mas com um senso permanente de satisfação. Depois, se você sentir que deseja fazer algumas mudanças, fique à vontade, é claro. A diferença é que você conseguirá manter essas mudanças.

ESTRESSE

A consequência de ter uma vida movimentada, cheia de responsabilidades e escolhas, é que o corpo e a mente estão sempre fazendo hora extra. Conheço muitas pessoas que dizem que, mesmo quando estão dormindo, sentem a mente funcionando a mil. Então não é coincidência que as taxas de doenças relacionadas ao estresse tenham aumentado ao mesmo tempo em que a vida ficou mais complicada para nós. De acordo com o Escritório Nacional de Estatísticas do Reino Unido, a prevalência de ansiedade, depressão, irritabilidade, vícios e comportamentos compulsivos aumentou bastante nos últimos anos, acompanhada de todos os sintomas físicos do estresse como fadiga, hipertensão e insônia.

As pessoas vêm à clínica onde trabalho por vários motivos, mas os sintomas do estresse são, de longe, os mais comuns. Às vezes os pacientes aparecem sem avisar, em outros casos eles são persuadidos por um parceiro, parente ou amigo. Em algumas ocasiões, os sintomas são tão ruins que o médico os encaminha. Mas, na maioria das vezes, são pessoas comuns procurando um jeito de lidar um pouco melhor com a vida. Talvez elas se sintam pressionados no trabalho, sobrecarregadas pela vida familiar, cansadas de pensar obsessivamente ou agir de um jeito que causa mal a elas ou aos outros. A maioria está apenas buscando um

Introdução

pouco mais de clareza mental na vida. Ao final do livro, você vai encontrar estudos de casos de alguns desses indivíduos, que foram generosos e concordaram em dividir suas experiências.

O estresse pode nos levar a fazer todo o tipo de esquisitice. Por conta dele, podemos dizer e fazer o que não gostaríamos. Ele afeta o jeito como nos sentimos em relação a nós mesmos e a forma de interagir com os outros. Claro que uma pequena dose de estresse ou desafio pode nos deixar realizados após conquistar um objetivo. Mas, no geral, ele tende a virar o outro tipo de estresse, não tão útil, e nos faz questionar o que estamos fazendo na vida. É aí que a importância de treinar a mente, de manter contato com esse senso permanente de realização e felicidade não importando o que aconteça, pode fazer uma diferença profunda. É isso que significa ter clareza mental.

RELACIONAMENTOS

O *mindfulness* certamente te ajudará a ter um pouco de clareza mental, fazendo diferença em sua vida. Provavelmente é por isso que você está lendo este livro, para início de conversa. Mas existe outro bom motivo para praticar o *mindfulness*. Gostando ou não, nós dividimos o mundo com outras pessoas e, a menos que desejemos viver como iogues solitários ou eremitas nas montanhas, sempre teremos que interagir com alguém. Então quem se beneficia do seu conhecimento cada vez maior de clareza mental? Você ou as pessoas ao seu redor? Pode-se dizer que se você está melhor porque está praticando *mindfulness* e meditando todos os dias, também vai interagir com os outros de um modo mais positivo.

Talvez esse seja o aspecto mais desprezado do treinamento mental. Quando a meditação veio do Oriente para o Ocidente, por algum motivo ela rapidamente se voltou apenas para o "eu". Embora isso deva ter sido inevitável no começo, é importante que agora, tanto tempo depois, exista a intenção de transformá-la em um treinamento mais altruísta. Meu palpite é que você provavelmente tem mais dificuldades na vida quando está concentrado em seus próprios problemas, pois é a nossa tendência como seres humanos. Gostamos de ficar obcecados, ruminar e analisar tudo infinitamente. Certo, nós não *gostamos* de fazer isso, mas às vezes parece impossível parar. O que acontece quando você pensa nos problemas de outra pessoa? A dificuldade interna muda, certo? Claro que você pode ficar triste ou chateado quando pensa na dificuldade alheia, mas é bem diferente de ficar obcecado pelos seus próprios problemas. Há uma mudança de perspectiva, e essa é uma parte muito importante do treinamento mental. Ao se concentrar menos nas próprias preocupações e focar na felicidade em potencial alheia, você acaba criando mais clareza mental para si. Além disso, a mente fica mais suave, maleável e fácil de trabalhar, tendendo a se concentrar no objeto da meditação com mais rapidez e se distrair menos com os pensamentos que passam. Ela também tende a ficar mais lúcida, estável e menos reativa a emoções voláteis. Portanto, dar um viés altruísta a sua prática significa muito mais do que apenas fazer o que é certo.

Não é surpresa que o impacto que essa simples habilidade tem sobre seus relacionamentos com os outros possa ser tão profundo. Ao ganhar mais consciência de *tudo* e *todos*, surge uma inevitável compreensão em relação aos outros. Você começa a observar como às vezes pode provocar uma reação em alguém sem querer (ou até intencionalmente) ou perceber quais atitudes alheias geram reações em você. Você passa a ouvir o que os outros estão realmente dizendo em vez de pensar no que gostaria de ouvir ou no que vai dizer em seguida. E quando isso começar a acontecer, você notará que os relacionamentos com os outros realmente começam a mudar. Mas se estivermos imersos em nossos pensamentos o tempo todo, fica muito difícil encontrar tempo para os outros.

OS TRÊS COMPONENTES DO TREINAMENTO MENTAL

Tradicionalmente, a meditação nunca foi praticada sozinha. Ela sempre fez parte de um sistema mais amplo de treinamento mental. Sendo mais específico, a meditação era apenas um entre três aspectos principais. A primeira parte do treinamento consistia em entender como *abordar* a técnica. Isso significa descobrir a dinâmica da mente e como ela provavelmente vai se comportar ao *praticar* a técnica. Só então você era apresentado às técnicas de meditação. Mas também havia um terceiro aspecto. Após se familiarizar com a técnica, a ênfase estaria em *integrar* essa qualidade da mente ao dia a dia. Na pressa de trazer a meditação para o Ocidente, dois desses aspectos foram amplamente desprezados, e sem essas duas peças do quebra-cabeça, a essência da meditação se perde. Ela se transforma em algo isolado de seu contexto original e, portanto, menos eficaz, tendo um impacto consideravelmente menor em seu cotidiano. Então talvez não seja surpresa que as pessoas sintam tanta dificuldade com a meditação. Para que ela realmente funcione e para extrair o melhor das técnicas, é crucial que os três componentes estejam presentes: como abordar as técnicas da melhor forma, como praticá-las da melhor forma, e como integrá-las da melhor forma.

Nenhum aspecto desse quebra-cabeça é mais ou menos importante que o outro. Imagine que você tenha ganhado um carro clássico e lindo para cuidar. Acontece que você nunca dirigiu ou teve aulas de direção, e o carro é tão diferente e raro que nem dá para saber o que todos os pedais, alavancas e botões fazem. A abordagem da meditação é aprender a dirigir esse carro: você não precisa entender toda a mecânica embaixo do capô, mas tem que saber operar os vários pedais, alavancas e botões. Você também precisa se acostumar à potência do carro, ao lugar que ele ocupa na estrada e, claro, à imprevisibilidade de todos os outros carros ao redor. Essa é a *abordagem*.

Mas esse não é um carro comum: é um modelo clássico e, portanto, exige que o motor seja ligado regularmente para que continue funcionando na capacidade máxima quando você quiser sair com ele. Isso pode parecer meio estranho para quem não conhece os carros clássicos, mas os motores antigos precisam disso. É aí que entra a meditação: ao sentar atrás do volante e ligar o carro todos os dias, você permite que o motor rode em um ritmo confortável, ouvindo e se familiarizado com seu som e seu funcionamento. Essa é a *prática*.

Mas de que serve um carro se você nunca o leva para lugar nenhum? O mesmo vale para a meditação. O objetivo de aprender a meditar não é passar a vida sentado, com os olhos fechados e de costas para tudo, mas integrar essa familiaridade da consciência a outras áreas de sua vida. Essa é a *integração*.

Isso significa que existem duas formas diferentes de usar a meditação. Uma é a abordagem da "aspirina", como gosto de

Introdução

chamar. Nós saímos, levamos uma vida agitada e estressante, precisamos de algo para melhorar e meditamos um pouco. Quando nos sentimos melhor e renovados, voltamos para a vida agitada e nos estressamos de novo até precisarmos de algo para melhorar. Não há nada de errado com essa abordagem. Na verdade, você pode ter bastante clareza mental assim, mas ela é limitada quando comparada à segunda abordagem, que trabalha para integrar essa mesma qualidade da mente ao resto de sua vida.

A quantidade de tempo que a maioria das pessoas consegue dedicar à prática da meditação é apenas uma fração do dia. O bom de aplicar o *mindfulness* ao resto do dia é não exigir que você precise de mais tempo ou mude sua agenda. Na verdade, você pode continuar fazendo exatamente o que planejou. A diferença não está na atividade, e sim no jeito de direcionar a mente ao fazê-la.

CAPÍTULO UM

A ABORDAGEM

MEDITAÇÃO E PENSAMENTOS

Quando fui ao meu primeiro monastério, eu estava convencido que a meditação era sobre parar os pensamentos. Eu tinha ouvido falar dessa "mente vazia e tranquila" que supostamente poderia ser alcançada através da meditação, e estava desesperado para experimentá-la. Claro que eu tive gostinho dela ao longo do tempo, mas imaginei essa mente vazia e tranquila como algo infinito, uma bolha na qual só havia espaço e onde nada desagradável podia entrar. Para mim, era um lugar livre de pensamentos e sentimentos. Não sei como achei que fosse possível viver sem pensamentos ou sentimentos, mas foi assim que abordei a meditação a princípio. Mas tentar criar essa bolha e obter este estado mental que eu supostamente precisava alcançar para meditar "adequadamente" talvez seja uma das concepções errôneas mais comuns sobre a meditação.

Recebi algumas orientações excelentes nesse período, mas a forma como elas foram passadas só serviu para reforçar várias ideias erradas que eu tinha sobre meditar. Eu visitava o professor todos os dias para explicar como a meditação estava indo, e para falar de todos os pensamentos que corriam pela minha mente e eu não conseguia parar, não importa o quanto tentasse. E todos os dias ele me dizia para ficar mais atento, para tentar capturar os pensamentos com mais afinco assim que eles surgissem na mente. Não demorou muito para eu virar uma pilha de nervos. Eu ficava "em guarda" por várias horas e, mentalmente falando, me sentia como naquele joguinho Whac-a-Mole do parque de diversões, sempre esperando o próximo pensamento surgir para poder acabar com ele imediatamente.

Meditando durante 18 horas por dia e dormindo apenas três, não demorou muito tempo para eu ficar exausto. Eu ficava sentado no templo, lutando para conseguir alguma coisa. Qualquer coisa. Mas a cada esforço extra eu me afastava mais do que estava procurando. Os outros monges locais pareciam perfeitamente tranquilos. Alguns até conseguiam dormir com frequência, na verdade. Embora esse obviamente não seja o propósito da meditação, quando você está forçando o processo como eu, a ideia de dormir é um verdadeiro sonho.

Depois de algum tempo, o professor percebeu que eu estava me esforçando demais e me orientou a diminuir a dose. Mas, a essa altura, eu estava colocando esforço demais em tudo. Até em tentar me esforçar menos. Essa luta continuou por algum tempo, mas tive a sorte de encontrar um professor que parecia ter um dom natural para contar histórias e explicar tudo de um jeito que eu entendia facilmente. O que ele disse foi um choque, pois como ele descreveu o ato de meditar era radicalmente diferente do que eu imaginava.

A estrada

Ele começou pedindo para eu me imaginar à beira de uma estrada bastante movimentada, com os olhos vendados, e depois disse:

— Talvez você consiga ouvir o barulho dos carros passando ao fundo, mas não pode vê-los porque está com os olhos vendados, certo?

Eu me imaginei sentado na grama de uma via expressa (mais precisamente a M4) e assenti. Ele continuou:

— Essa talvez seja a sensação antes de começar a meditar. pois com todos esses pensamentos e ruídos de fundo na mente, mesmo quando você quer relaxar ou dormir à noite, parece que o barulho continua, não é?

Foi difícil argumentar com isso, pois eu realmente sentia que havia sempre um ruído de fundo ou inquietação na minha mente, mesmo quando eu não tinha consciência de cada pensamento. Ele continuou:

— Agora imagine que você tirou venda. Você está vendo a estrada e a sua mente com clareza pela primeira vez. Você observa os carros passando rapidamente, com formas, cores e tamanhos variados. Talvez o som dos carros chame sua atenção em alguns momentos e, a aparência deles, em outros. Mas é normal quando você tira a venda pela primeira vez.

Ele riu para si mesmo:

— Sabe, às vezes é nesse ponto que os alunos dizem frases muito engraçadas. Eles começam a culpar a meditação por seus pensamentos e sentimentos. Dá para acreditar? — perguntou, brincalhão. — Eles vêm me ver e dizem: "Não sei o que está acontecendo e de onde vêm todos esses pensamentos. Eu nunca penso tanto assim, deve ser a meditação que está me fazendo pensar o tempo todo", como se a meditação, de alguma forma, estivesse piorando a situação.

A risada do professor diminuiu e ele retomou a explicação.

— Então o primeiro passo é entender que a meditação não faz pensar! Ela apenas joga uma grande luz brilhante em sua mente para que você possa ver com mais clareza. Esta luz brilhante é a consciência. Você pode não gostar do que vê quando liga a luz, mas ela é um reflexo claro e preciso de como a sua mente se comporta todos os dias.

Eu fiquei ali sentado, pesando naquelas palavras. O professor definitivamente estava certo: eu vinha culpando a meditação pelo meu estado mental desde que comecei. Eu não conseguia acreditar que minha mente era realmente assim o tempo todo. Ou pelo menos não *queria* acreditar. Eu me perguntava se eu era um caso perdido, se nenhuma meditação poderia me ajudar. No fim das contas, essa é uma sensação surpreendentemente comum, então fique tranquilo se você também se sentir assim.

O professor pareceu sentir para onde eu estava indo e interrompeu meus pensamentos, dizendo calmamente:

— É assim que a mente se parece, no começo. Não só a sua mente, mas a de todo mundo. Por isso é tão importante treiná-la. Quando a mente está confusa assim, é muito difícil saber o que fazer. Para algumas pessoas, é difícil não entrar em pânico. Às vezes, elas tentam interromper os pensamentos à força. Em outros casos, elas tentam ignorá-los, pensar em outros assuntos. Ou, se os pensamentos forem muito inte-

A abordagem

ressantes, elas podem tentar estimulá-los e se envolver neles. Mas todas essas táticas são apenas formas de tentar evitar a realidade. Voltando à estrada movimentada, nada disso é diferente de acordar à beira estrada, sair correndo no meio dos carros e tentar controlar o trânsito. — Ele fez uma pausa por um momento: — É uma estratégia bem arriscada — disse, rindo de novo.

Parece familiar? Mais uma vez ele estava certo. Era exatamente o que eu estava fazendo, e não só na meditação. Isso resumia a minha vida no geral. Eu tentava controlar tudo. Ver o caos da minha mente quando eu sentava para meditar tinha ativado minha tendência habitual de assumir o controle e resolver tudo. Quando não funcionou, eu me esforcei mais ainda. É o que nos ensinam na juventude, não é? "Você precisa se esforçar mais." Então eu continuei me esforçando. Mas, no fim das contas, nenhum esforço trará calma.

O professor continuou, fazendo uma sugestão:

— Tive uma ideia: em vez de sair correndo pelo trânsito e tentando controlar tudo, por que você não tenta ficar parado um pouco? E então? O que acontece quando você fica na beira da estrada, apenas observando o trânsito? Talvez seja hora do rush e a estrada esteja cheia de carros, ou talvez esteja no meio da noite e poucos carros estejam passando. Não importa qual seja o caso. A questão é se acostumar a "guardar seu lugar" na beira da estrada e ver o trânsito passar.

Essa ideia de ver os pensamentos foi bem fácil de imaginar e, pela primeira vez, eu estava com pressa para voltar à almofada de meditação.

— Quando você começa a abordar a meditação dessa forma, vai notar que sua perspectiva muda — disse ele. — Ao se afastar dos pensamentos e sentimentos, você terá uma sensação de aumento de espaço. É como se você fosse apenas um observador, vendo os pensamentos, o trânsito, passar. Às vezes você pode se esquecer — comenta ele, sorrindo deliberadamente — e, quando se der conta, vai estar correndo pela estrada atrás de um carro bonito. É o que acontece quando você tem um pensamento agradável. Você o vê, fica atraído por ele e acaba correndo atrás desse pensamento. — O professor agora ria abertamente, me imaginando correndo atrás dos carros. — Mas, de repente, você percebe o que está fazendo e, *naquele momento,* terá a oportunidade de voltar ao seu lugar na beira da estrada. Em outras ocasiões, você pode ver algo que não gosta. Talvez um carro velho e enferrujado, um pensamento desagradável, e você com certeza vai correr para o meio do trânsito para tentar pará-lo. Você pode tentar resistir a esse sentimento ou pensamento por bastante tempo até perceber que voltou à estrada. Mas quando você percebe, *naquele momento,* tem a oportunidade de assumir seu lugar na beira da estrada de novo — continuou ele, agora falando de modo mais decidido — Ao longo do tempo vai ficar mais fácil. Você não vai correr para a estrada com tanta frequência, e terá uma facilidade cada vez maior para ficar sentado e ver os pensamentos passarem. *Esse* é o processo da meditação.

Vale a pena dedicar um tempo para refletir sobre essa analogia e, no tempo em que estive ali, pensei no que ele tinha falado naquele momento. Tudo fazia muito sentido, ao menos teoricamente. Mas algumas questões não faziam sentido para mim. Se eu estava apenas sentado lá observando os pensamentos, então quem estava pensando? Obviamente eu não podia fazer as duas coisas ao mesmo tempo.

A abordagem

— Seus pensamentos são autônomos — explicou ele. — Claro que se você quiser pensar em algo, você pode. Você tem a capacidade de refletir, lembrar ou projetar o futuro e imaginar como ele poderia ser. Mas e os pensamentos que "pulam" na sua cabeça quando você se senta para meditar, quando está andando pela rua ou tentando ler um livro? E esses pensamentos? Você não os trouxe até sua mente, não é? Eles *vieram* até sua mente. Em um minuto você está lendo um livro e no outro o pensamento sobre um velho amigo "pula" na sua cabeça. Você não pensava nesse amigo há muito tempo e não fez qualquer esforço consciente para *trazê-lo* à sua mente e, ainda assim, de repente, aconteceu!

Isso era, sem dúvida, algo que eu vivia bastante. Não sei se acontece com você, mas várias vezes eu começava a ler um livro, chegava ao final e percebia que não tinha absorvido nenhuma palavra. Um pensamento surgiu em algum momento e eu me distraí, inevitavelmente, e muitas vezes sem nem perceber.

— Então — continuou ele —, esses pensamentos que queremos tanto reprimir, jogar para longe ou interrompê-los, basicamente vão surgindo quando têm vontade, certo? Gostamos de pensar que controlamos nossa mente e o fluxo de pensamentos, mas se isso fosse possível, então você não teria viajado meio mundo em busca dos meus conselhos. — Ele apontou para mim, rindo. — Na verdade, se fosse possível controlar os pensamentos, você não teria motivo algum para se estressar. Era só bloquear os pensamentos desagradáveis e viver tranquilamente com os felizes.

Não podia acreditar no quão óbvio isso ficava quando ele explicava dessa forma. Era quase como se eu já soubesse, mas tivesse me esquecido de aplicar essa ideia à minha vida.

— Mas e os pensamentos produtivos e criativos, que são necessários para resolver problemas? — perguntei.

— Não estou dizendo que todo pensamento é ruim — disse ele. — Precisamos ter a capacidade de pensar para viver. Pensar é a natureza da mente. Da mesma forma que a estrada foi feita para os carros passarem, a mente existe para experimentarmos pensamentos e sentimentos. Portanto, não cometa o erro de pensar que todos os pensamentos são ruins. Não é o caso. Nós só precisamos aprender a lidar com eles. O que você precisa se perguntar — continuou — é o quanto do seu pensamento é útil e produtivo e o quanto é inútil e improdutivo. Só *você* tem a resposta para isso. Como você veio de tão longe para me ver, suponho que seu pensamento lhe cause problemas e talvez alguns não sejam tão úteis?

Não havia como discutir com isso. Boa parte dos meus pensamentos entrava na categoria "inúteis e improdutivos".

— Se você está preocupado em perder esses pensamentos criativos — gesticulou ele, um pouco imperativo —, de onde pensa que eles vieram, para início de conversa? Esses momentos de inspiração vêm do pensamento frio e racional ou surgem da quietude e da clareza mental? Se a mente estiver sempre agitada, não há espaço para os pensamentos surgirem. Ao treiná-la, você na verdade está criando *mais* espaço para que esses pensamentos criativos apareçam. A questão é: não seja escravo da sua mente. Se você quiser direcioná-la e usá-la apropriadamente, então ótimo. Mas para que serve a mente se ela estiver desorganizada e confusa, sem qualquer ideia de direção ou estabilidade?

Após agradecer ao professor pelo seu tempo, voltei para o quarto a fim de pensar no que discutimos. Todos os aspectos

A abordagem

pareciam ser importantes. Para mim, foi um jeito totalmente diferente de abordar a meditação, e imagino que talvez seja para você também. Naquela conversa rápida, aprendi que a meditação, no contexto *mindfulness*, não era sobre a parar os pensamentos e controlar a mente. Na verdade, era um processo de abrir mão do controle, dar um passo para trás e aprender a concentrar a atenção de modo passivo enquanto a mente descansa em sua consciência natural. Meu professor explicou que saber o momento de dar esse passo para trás e não ser continuamente sugado para o reino do pensamento infinito, improdutivo e estressante era uma habilidade, uma arte. Aprendi que os pensamentos eram autônomos, e nenhuma força no mundo poderia impedi-los.

Nas semanas seguintes eu fiquei cada vez mais empolgado com a meditação. Essa nova forma de abordar a mesma técnica foi reveladora, e pareceu fazer diferença já na primeira vez que experimentei. Claro que às vezes eu esquecia e retomava os velhos hábitos, mas lentamente essas novas ideias começaram a criar raízes. Às vezes minha mente continuava bastante agitada, como o professor havia prometido, mas, em outras ocasiões, ela ficava muito, muito calma. Era como se o volume de carros na estrada tivesse diminuído a tal ponto que eu agora podia ver cada carro individualmente, com muito mais clareza. Não só isso: o espaço estre os carros agora era mais longo, mais amplo e bem maior. Foi aí que eu finalmente entendi a minha confusão enquanto aprendia a meditar. Quando ouvia falar desses momentos "sem pensar" ou de "espaço vazio", sempre imaginei que eles fossem algo que eu precisava *fazer*. Mas, na verdade, esses momentos surgem ao *não fazer*. Ao dar um passo para trás e permitir que a mente relaxe em seu próprio ritmo e jeito, você vai encontrar a verdadeira clareza mental.

O céu azul

Como "não fazer algo" durante um exercício feito para "fazer algo"? Apesar do conselho que recebi, eu ainda tinha dificuldade de entender essa ideia às vezes. Claro, ficar sentado na beira da estrada dava certo por um tempo, mas não demorava muito para eu me pegar esperando, impacientemente, por mais progresso. É difícil acreditar que a ideia de calma não bastava para me satisfazer, mas eu queria mais, eu buscava o equilíbrio. Afinal, embora os pensamentos tivessem começado a se estabilizar, eu ainda tinha muitas questões emocionais. Fossem as sensações de frustração, preocupação ou dúvida, essas emoções pareciam obscurecer minha experiência da meditação. Eu também duvidava que uma abordagem passiva como aquela levaria a mudanças duradouras. Uma coisa era vivenciar a calma no monastério, mas imaginar a técnica funcionando no caos da vida diária era totalmente diferente. Vários meses se passaram antes que eu tivesse a oportunidade de reencontrar o professor no monastério de novo, mas quando o encontrei, perguntei se ele poderia me ajudar com esse obstáculo cada vez maior para mim.

— Imagine um céu azul e limpo — começou ele. — Ótimo, não é mesmo? É difícil ficar triste quando o céu está tão azul. — Ele fez uma pausa, como se quisesse apreciar o espaço que essa imagem trazia à mente. — Agora imagine que sua mente seja como esse céu azul. Não estou falando de todos os pensamentos, confusão e loucura — disse ele, rindo. —

A abordagem

Estou falando da essência fundamental da mente, o estado natural dela.

Pensei nisso por um momento. Imaginar um céu azul e limpo era fácil, mas pensar que de alguma forma ele representava minha mente, nem tanto. Não havia clareza alguma na minha mente na época, ela estava cheia de pensamentos e emoções confusas.

— Não importa se essa não é a sua experiência agora — disse ele. — Só "imagine", por um instante, que é. Na verdade, pense na última vez em que você se sentiu muito feliz e relaxado. Provavelmente não será tão difícil de imaginar.

Ele estava certo: quando pensei em um momento feliz da minha vida, foi bem fácil de imaginar. Tente fazer isso agora.

— Certo — continuou ele —, agora imagine um dia muito nublado, sem céu azul, apenas grandes nuvens carregadas. — O professor disse cada palavra bem lentamente, para enfatizá-las, e fez a próxima pergunta com um sorriso: — Como você se sente? Não muito bem, certo? Agora imagine que essas nuvens sejam seus pensamentos. Às vezes elas são fofinhas, brancas e parecem bem amigáveis, enquanto em outras ocasiões elas parecem pesadas e sombrias. A cor das nuvens reflete seus sentimentos ou humor do momento.

Era verdade. Quando eu tinha muitos pensamentos felizes, as nuvens brancas fofinhas, eu não estava tão preocupado com a minha agitação mental. A menos que estivesse tentando meditar, claro, aí eu lutava contra eles. Mas quando os pensamentos eram difíceis, as nuvens pesadas e sombrias, eu começava a me sentir bem desconfortável.

Porém, eu me identifiquei mesmo com a próxima parte da história, e espero que você também a leve para sua vida.

O guia do Headspace para meditação e *mindfulness*

— Para chegar a esse monastério você deve ter vindo de avião, não é? — perguntou o professor, sabendo muito bem qual seria a resposta.

Eu confirmei.

— Estava nublado quando você partiu?

— Está sempre nublado na Inglaterra — respondi, sorrindo.

— Bom, então você sabe que ao entrar em um avião e voar acima das nuvens, há apenas o céu azul do outro lado. Mesmo quando parecem existir apenas nuvens grandes, cinzas e pesadas, o céu azul sempre está lá.

Não havia como negar. Eu já tinha andando muito de avião e ele estava certo.

— Então, o céu sempre é azul — disse ele, dando de ombros e rindo para si mesmo, como se tudo que eu precisasse saber estivesse nessa única frase. E, de certa forma, estava.

Voltei para o meu quarto e pensei na importância do que tinha acabado de ouvir. Eu havia entendido o conceito: o céu é sempre azul. As nuvens são os nossos pensamentos, e quando a mente está muito agitada com todos esses pensamentos, o céu azul fica temporariamente nublado. No meu caso, minha mente ficou tão agitada, e por tanto tempo, que eu praticamente havia me esquecido como era o céu azul. Mas a analogia dizia mais do que isso: havia a ideia de que a essência fundamental da mente, assim como o céu azul, não muda, independentemente de como nos sentimos. Quando ficamos de mau humor ou nos sentimos mal por algum motivo, então a nuvem fica mais evidente, nos distraindo mais. Pode haver apenas um pensamento no céu inteiro, mas ele parece exigir toda a nossa atenção.

A abordagem

O motivo pelo qual essa lição foi tão importante para mim — e espero que seja para você também — era que eu sempre imaginei que, de alguma forma, eu precisava *criar* o céu azul. Para mim, era preciso *fazer* algo para vivenciar a clareza mental. A verdade é que não precisamos criar nada. O céu azul é a clareza mental, e ela sempre estará lá — ou melhor, *aqui*. Isso mudou tudo para mim. A meditação não era mais uma questão de tentar criar um estado artificial, que eu imaginava ser a clareza mental, e nem de tentar manter todas as nuvens afastadas. Estava mais para colocar uma cadeira no jardim e observar as nuvens passarem. Às vezes o céu azul aparecia entre as nuvens, o que era bom. E se eu conseguisse ficar sentado pacientemente e sem me envolver demais com as nuvens, então o céu azul começaria a aparecer mais. Era como se isso tivesse acontecido por conta própria, sem qualquer ajuda minha. Observar as nuvens dessa forma me deu perspectiva e uma noção de espaço que eu desconhecia na meditação. Mais que isso, essa perspectiva me deu confiança para ficar sentado e deixar minha mente descansar em seu estado natural, sem tentar, sem fazer, apenas sendo.

Claro que é ótimo ler toda essa explicação, mas até você vivenciar tudo por conta própria, pode não parecer tão importante assim. Portanto, tire um momento para imaginar como seria ter esse tipo de liberdade e espaço em sua mente. Imagine como seria não se preocupar com o volume ou a intensidade dos seus pensamentos. E, principalmente, imagine como seria ter um lugar em sua mente que sempre está calmo, quieto e limpo. Um espaço para onde você sempre pode voltar, uma sensação de tranquilidade e paz independentemente do que esteja acontecendo em sua vida.

Terceiro exercício: sensações físicas

Deixe o livro de lado por mais alguns minutos e faça esse breve exercício. Vamos retomar a ideia de estar em paz com o que quer que esteja em sua mente. Se da última vez você se concentrou em sons ou objetos visuais, agora tente se concentrar em uma sensação física. Pode ser a do corpo pressionando a cadeira embaixo de você, das solas dos pés encostadas no chão ou até a sensação das suas mãos em cima do livro. A vantagem de se concentrar dessa forma na sensação física do toque é que ela é muito tangível, mas talvez você perceba que a mente continua perdida em devaneios. Se você a sua mente estiver muito agitada ou você sentir alguma emoção forte, lembre-se da ideia do céu azul e da possibilidade de existir um lugar calmo, espaçoso e limpo embaixo de todos esses pensamentos e sentimentos. Então toda vez que você se distrair e perceber a mente fugindo, basta voltar sua atenção para alguma sensação física, sem esforço.

O cavalo selvagem

Depois de um tempo, fui para um monastério bem mais movimentado, que atendia às necessidades da comunidade local e recebia muitos visitantes. Ainda tínhamos várias horas por dia para meditar do jeito formal, mas a ênfase desse monastério era mais voltada para praticar a consciência no dia a dia. Em outras palavras, praticar *mindfulness*. Após ter vivido o luxo de passar de uma sessão de meditação para outra sem dificuldade, eu me acostumei manter a mente quieta rapidamente quando me sentava para meditar. Mas agora as sessões aconteciam entre outras atividades, como cuidar do jardim, cozinhar, limpar e fazer trabalhos burocráticos. Muitas vezes isso envolvia trabalhar com outras pessoas, con-

A abordagem

versando e discutindo todo tipo de assunto. Algumas dessas conversas eram de natureza monástica e outras nem tanto, digamos assim. Eu logo descobri que esse tipo de interação gerava uma prática de meditação bem diferente depois. Em vez de acalmar a mente com rapidez como acontecia antes, ela ficava muito agitada.

Voltando aos antigos hábitos de tentar controlar tudo (nunca subestime a força dessa tendência), se minha mente não tivesse se acalmado em cinco minutos, eu começava a resistir aos pensamentos. Essa resistência criava mais pensamentos, então eu entrava em pânico por estar fazendo isso e acabava criando ainda mais pensamentos!

Eu tive a sorte de conhecer outro professor muito experiente, então fui pedir conselhos a ele. Esse professor era conhecido pelo seu estilo carinhoso e bem-humorado de ensinar, e por raramente responder às perguntas de forma direta. Na verdade, ele frequentemente respondia uma pergunta com outra pergunta! Mas quando ele respondia, era quase sempre através de uma história. E, como o outro professor, ele parecia ter um suprimento inesgotável delas. Eu expliquei minhas dificuldades enquanto ele ouvia, balançando a cabeça lentamente para sinalizar que estava entendendo.

— Você já viu um garanhão selvagem ser domado? — perguntou ele.

Balancei a cabeça. O que isso tinha a ver com a história? O professor pareceu um pouco decepcionado, mas acho que a infância nas estepes tibetanas é bem diferente de crescer em um pequeno vilarejo inglês. Ele continuou a falar sobre os cavalos selvagens, que são muito difíceis de capturar e mais difíceis ainda de domar.

— Agora imagine que você pegou um desses cavalos e está tentando mantê-lo parado.

Eu me imaginei ao lado do cavalo, segurando firme uma corda amarrada a ele.

— Impossível! — retrucou o professor. — Nenhum homem ou mulher pode segurar um cavalo selvagem, eles são fortes demais. Mesmo reunindo todos os seus amigos, você jamais conseguiria mantê-lo parado. Não é assim que se doma um cavalo selvagem. Quando você captura um desses animais, precisa se lembrar que eles estão acostumados a correr livres por aí. Eles não estão habituados a ficar parados por muito tempo ou ser obrigados a ficar em um lugar só.

Eu comecei a perceber onde ele queria chegar.

— Quando você está meditando, a sua mente é como esse cavalo selvagem. Não dá para esperar que ela fique quieta de repente só porque você está sentado como uma estátua fazendo algo chamado meditação! Então, quando você se senta com esse cavalo selvagem, essa mente selvagem, precisa dar muito espaço a ela. Em vez de tentar se concentrar no objeto de meditação logo de cara, dê tempo para sua mente se acomodar e relaxar um pouco. Por que a pressa?

Mais uma vez ele estava certo. Eu estava apressando a meditação ao pensar que o próximo momento era de alguma forma mais importante que esse, ainda tentando chegar a um determinado estado mental. Não estava claro aonde exatamente eu estava tentando chegar.

— Em vez de fazer — sugeriu ele —, aborde a mente do mesmo modo que o domador de cavalos selvagens. Imagine que você está em pé no meio de um grande espaço, um grande campo aberto. O cavalo está amarrado a uma corda que você

A abordagem

está segurando sem esforço, e ele tem todo o espaço que precisa. Não parece que ele está preso de forma alguma.

Imaginei o cavalo correndo livremente pelo campo enquanto eu ficava de olho nele, segurando a ponta da corda.

— Agora coloque uma das mãos por cima da outra e calmamente encurte a distância da corda, trazendo-a para perto de si. Não muito, só um pouquinho. — Ele ergueu o polegar e o indicador, com meio centímetro entre eles, enfatizando o que disse. — Se você fizer isso de modo gentil o suficiente com um cavalo selvagem, ele nem vai notar a diferença; e ainda vai sentir como se tivesse todo o espaço do mundo. Continue trazendo lentamente o cavalo para mais perto, sempre de olho nele, mas dando espaço suficiente para o animal se sentir confortável e não ficar nervoso demais.

Isso fazia muito sentido, e o simples fato de imaginar esse processo me deixou mais relaxado.

— É isso que você precisa fazer com sua mente quando perceber que ela está muito agitada. Vá devagar e com calma, dando todo o espaço que ela precisa. Permita que o cavalo chegue a um estado natural de tranquilidade, em que ele se sente feliz, confiante e relaxado. Às vezes ele pode lutar um pouco, mas tudo bem. Quando isso acontecer, afrouxe a corda de novo e repita o processo calmamente. Se você meditar dessa forma, sua mente ficará muito feliz.

Lembrar dessa simples história vai fazer uma diferença imensa em sua meditação. Na verdade, você pode conferir a animação do cavalo sendo domado em nosso site: www.getsomeheadspace.com/headspace-book/get-some-headspace.

A MEDITAÇÃO E AS EMOÇÕES

A reversão

Com todos esses ótimos conselhos, não demorou muito para a minha mente começar a se estabilizar. Ela ainda ficava agitada às vezes, mas eu estava cada vez mais confortável assistindo os pensamentos passarem. De alguma forma, ficou cada vez mais fácil lidar com eles, e eu tinha assimilado as analogias da estrada e do céu azul. Contudo, quando fortes emoções surgiam na minha mente ou quando eu começava a sentir desconforto físico, eu tinha muita dificuldade para lidar com isso. Era quase impossível para mim ser imparcial nessas situações. Quando eu estava feliz e extasiado, queria manter o sentimento pelo máximo de tempo possível. Mas quando surgiam sentimentos desagradáveis, eu não conseguia deixar de resistir a eles. Perdi a conta de quantas vezes ouvi que resistir era inútil e só piorava a situação, mas eu não conseguia me controlar.

Isso durou algum tempo. Eu via a situação como uma espécie de batalha heroica contra o ego, e não queria recuar por pura teimosia. Eu ainda não tinha a consciência de ver que a única batalha ali era contra mim mesmo. No fim das contas, precisei reconhecer que não estava chegando a lugar algum, e mais uma vez procurei meu professor. Conforme explicava a situação, ele assentia como se já tivesse ouvido a história umas cem vezes:

— Isso acontece com todo mundo. Somos atraídos pelo que gostamos, nos apegamos a esses sentimentos e não queremos abrir mão de forma alguma. O único problema é: quanto mais

A abordagem

nós os procuramos, mais longe eles ficam. E quanto mais tentamos nos apegar a esses sentimentos agradáveis, maior será o medo de perdê-los.

Realmente. Na verdade, isso passou a ser um pequeno obstáculo na minha prática de meditação, porque sempre que eu vivenciava sentimentos considerados positivos em uma sessão, isso acabava aumentando as minhas expectativas. Assim, quando eu ia para a próxima sessão, em vez de ficar *no momento*, eu tentava recriar a experiência anterior.

— Ao mesmo tempo em que tentamos nos apegar ao que é bom — continuou ele —, estamos ocupados tentando nos livrar de tudo o que é desagradável. Não importa se tentamos nos livrar do excesso de pensamentos, de emoções difíceis ou de uma sensação dolorosa no corpo, a resistência é a mesma. E enquanto houver resistência, não há espaço para aceitação. E enquanto não houver aceitação, não há como ter uma mente tranquila.

Parece tão óbvio quando é explicado assim, certo?

— Felicidade é só felicidade — continuou ele. — Não é tão importante assim. Ela vai e vem. Tristeza é só tristeza, não é tão importante assim. Ela vai e vem. Se você puder abrir mão do desejo de sempre vivenciar o que é agradável enquanto abre mão do medo de vivenciar o desagradável, então terá uma mente tranquila.

Ao ouvir essa explicação, não pude deixar de pensar que tinha algo faltando. Claro, "abrir mão do apego" e "abrir mão da resistência", mas como?

— Simples. Ficando mais consciente — esclareceu ele.

Essa parecia ser a resposta para tudo. Embora eu pudesse ver que minha perspectiva mudava à medida que ganhava mais consciência, o processo não parecia rápido o bastante. Dividi esses pensamentos com o professor, e ele riu:

— Ah, acho que você está falando de *impaciência*.

Eu dei de ombros e assenti, explicando:

— Eu só queria saber como lidar com isso até minha consciência ficar um pouco mais forte. Talvez haja outra técnica que poderia ajudar nisso? — perguntei, esperançoso.

Ele pareceu me estudar antes de responder.

— Quero que você continue a se concentrar em sua respiração, apenas praticando o ato de permanecer na consciência natural da mente. Mas existe *uma* prática que você pode juntar a esse exercício e talvez o ajude nesse meio tempo.

Eu levantei as sobrancelhas, empolgado. Ele me explicou, e talvez você também queira experimentá-la em sua meditação.

— Quando vivenciar sentimentos agradáveis em sua prática, quero que você se imagine dividindo esses sentimentos com outras pessoas. Não importa se é a sensação agradável de uma mente tranquila, de um corpo relaxado ou uma emoção reconfortante, apenas imagine que a está dando para outra pessoa, dividindo-a com seus amigos, família e as pessoas importantes para você. Como isso não exige muito esforço mental, eu quero que você continue a se concentrar na respiração, apenas contando as respirações à medida que acontecem. Mas se você se pegar sentado e se sentindo muito bem, mantenha essa atitude de querer dividir o sentimento com os outros.

Eu não conseguia ver como isso iria ajudar, mas parecia inofensivo o suficiente e a ideia era bem-intencionada.

— A próxima parte pode ser um pouco mais desafiadora — comentou ele com um sorriso amplo. — Quando você vi-

A abordagem

venciar algum desconforto na meditação, seja a inquietação por ter a mente agitada, a tensão física no corpo ou uma emoção complicada, quero que você imagine que esse é o desconforto das pessoas importantes para você. É como se fosse um ato de generosidade extraordinária e você estivesse com esse desconforto para que eles não precisassem senti-lo.

Parecia bizarro. Como isso poderia ajudar? Por que eu abriria mão dos sentimentos bons e me imaginaria com o desconforto alheio?

— Relaxe — explicou ele — Não está acontecendo de verdade. Mas se você pensar bem, é um jeito muito habilidoso de trabalhar a mente. Quando tentamos muito nos apegar a estados mentais agradáveis, isso cria tensão. Ao se imaginar distribuindo esses sentimentos e partilhando-os com os outros, você perde essa tensão e julga menos.

Certo, isso fez sentido, mas e a outra parte?

— Quando se trata de sentimentos desagradáveis, estamos sempre tentando nos livrar deles, certo? Isso também cria tensão. Ao fazer o oposto do que normalmente fazemos, não há resistência. E a falta de resistência significa o fim da tensão.

Eu pensei nisso e fazia um pouco de sentido. Na verdade, parecia uma versão elaborada da psicologia reversa. Acho que o interessante era que, ao mesmo tempo, esse processo treinava a mente para ser mais altruísta.

Eu coloquei as instruções em prática assim que saí de lá. Não precisei mudar nada do exercício, era mais uma questão de abordar a técnica e me lembrar de continuar julgando menos a experiência da meditação. Apesar das minhas dúvidas, o professor estava certo. Quando eu dividia as sensações agradáveis, elas pareciam durar mais, e a meditação ficava melhor. É difícil dizer o que mudou exatamente, mas acho que ela ficou um pouco menos egoísta. O outro aspecto foi igualmente eficaz. Não posso dizer que as emoções desagradáveis ou a tensão desapareceram assim que comecei esse método, mas a intenção era encontrar um jeito de lidar com esses sentimentos com uma noção maior de confiança e aceitação. E era verdade: me imaginar fazendo algo benéfico para os outros parecia deixar tudo mais fácil. Abordar a prática dessa forma fez uma diferença considerável na minha capacidade e disposição de entender todos os aspectos da mente. Antes eu só queria conhecer as sensações agradáveis, sempre temendo as ruins. Mas isso mudou tudo; era como ver e entender uma parte da minha mente que eu nunca tinha visto antes — e não tinha visto mesmo, pois estava ocupado demais fugindo dela.

Quarto exercício: concentrando-se em sensações agradáveis ou desagradáveis

Tente experimentar agora para sentir como é. Deixe o livro de lado por alguns minutos novamente e foque em uma sensação física enquanto fecha os olhos bem devagar. Em vez de usar uma sensação neutra como da última vez, concentre-se em uma sensação boa ou ruim no corpo. Por exemplo, talvez você sinta uma leveza nas mãos ou nos pés, ou alguma tensão nos ombros. O normal seria tentar resistir à sensação de desconforto e se agarrar ao sentimento de conforto, mas o que acontece quando você inverte a situação e aplica o princípio de dividir os sentimentos agradáveis com outras pessoas e ficar com os sentimentos difíceis por elas? Isso muda a experiência? Lembre-se: caso você esteja se concentrando em uma sensação agradável, experimente manter a atitude de dividi-la com outras pessoas durante o processo. Da mesma forma, se estiver focando em um sentimento

A abordagem

desagradável, tente manter a atitude de vivenciar ou cuidar dele por alguém importante para você.

TUDO O QUE DESCE, PRECISA SUBIR

Quando olho para trás e penso nos motivos que tive para virar monge, não consigo definir o momento exato em que comecei a me sentir infeliz, mas houve uma série de eventos que certamente foram a gota d'água. No fim da minha adolescência, minha mãe se casou de novo e, além de um padrasto, minha irmã e eu ganhamos uma meia-irmã e um meio-irmão. Pouco tempo depois, nossa meia-irmã, Joanne, morreu enquanto andava de bicicleta, atropelada por um homem que dirigia uma caminhonete e não conseguiu se manter acordado ao volante. O impacto que a tragédia teve na família foi indescritível, e mesmo assim eu não tirei o tempo necessário para aceitar e entender isso. Sem vontade ou disposição de olhar para tanta tristeza ao meu redor, eu simplesmente segui com minha vida. Na verdade, eu fui embora fisicamente, como se isso me afastasse do sentimento de alguma forma. Embora o sentimento não tenha sumido, pelo menos isso me permitiu viver na ignorância por um pouco mais de tempo.

Alguns meses depois, descobri que uma ex-namorada minha tinha morrido durante uma cirurgia cardíaca. Eu me lembro de receber a notícia e agir como se não importasse. Achava que parte de me tornar um homem era lidar com tudo de um jeito meio distante. Incapaz de lidar com esses sentimentos, eu tomei a única atitude que sabia e joguei tudo para baixo do tapete.

Dizem que tudo na vida acontece em grupos de três, e logo depois veio o terceiro acontecimento. Fui a uma festa com um grupo de amigos na véspera de Natal. Depois da meia-noite, fomos embora em diversos níveis de embriaguez. Era um momento feliz e todos nós ficamos por ali, desejando Feliz Natal uns aos outros entre despedidas e abraços. Quando fui embora com alguns amigos, ouvi o som de um carro descendo uma ladeira. Eu me lembro de parar e me perguntar por que os faróis não estavam ligados. O carro descia cada vez mais rápido pela rua. Na metade do caminho, o homem atrás do volante, que, conforme soubemos depois, estava mais de quatro vezes acima do limite de velocidade, perdeu o controle do carro. O veículo subiu na calçada e, não acertando eu e outros dois por pouco, foi direto para o meio do grupo de amigos. Foi uma cena devastadora. Tudo pareceu acontecer em câmera lenta, como se fosse filmado. Em uma cena estava o momento do impacto, os corpos dos meus amigos voando pelo ar como bonecas de pano. Em outra, um corpo aparecia encostado na parede, curvado. Várias pessoas morreram naquela noite, e muitas outras ficaram gravemente feridas. Nunca me senti tão impotente na vida.

Seja através de pura determinação e força de vontade ou por medo do que poderia acontecer caso eu abrisse a panela de pressão, consegui controlar as emoções que surgiram após esses eventos por um bom tempo. Mas, depois de um ano, eles começaram a vir à tona de outras formas, influenciando tudo ao meu redor. Quando se trata de emoções, tudo o que desce, tem que subir. Pode vir à tona como a emoção em si ou pode começar a afetar nosso comportamento de alguma forma. Às vezes pode até afetar nossa saúde física. Sintomas de saúde relacionados ao

A abordagem

estresse são cada vez mais comuns e amplamente reconhecidos como resultado da nossa incapacidade para lidar com sentimentos desafiadores em uma situação ou ambiente estressante.

LOCALIZAR A EMOÇÃO

Quando cheguei ao monastério, essas emoções estavam definitivamente vindo à tona. Às vezes, a sensação era mais óbvia e os pensamentos que acompanhavam o sentimento eram bem nítidos, mas, frequentemente, era apenas um sentimento que surgia do nada. Quando comecei a perceber essa tristeza, me senti um pouco mal. Não foi para isso que procurei a meditação. Eu queria paz e tranquilidade nas montanhas. Durante muito tempo eu continuei a "brigar" com esses sentimentos, tentando ignorá-los ou resistir a eles. Eu não percebi a ironia de estar fazendo isso enquanto tentava abrir mão da ignorância e da resistência. Não conseguir controlar esses sentimentos me frustrava, e eu achava que não estava progredindo na meditação. Até pensei que talvez eu não fosse feito para meditar. Eu também passei a ficar cada vez mais ansioso sempre que meditava.

Um dia eu dei um basta e fui procurar o professor. Expliquei o que estava acontecendo em minha prática e ele ouviu com muita paciência. Eu esperava que ele me ensinasse alguma técnica secreta desenvolvida especialmente para lidar com emoções difíceis, mas ele me fez uma pergunta:

— Você gosta quando alguém te faz rir?

— Claro — respondi, sorrindo.

— E quando alguém te faz chorar, você gosta?

— Não — respondi, balançando a cabeça.

— Certo. Então digamos que eu pudesse te ensinar a nunca mais sentir tristeza, você gostaria disso?

— Claro — afirmei, ansioso.

— A única condição é que você também perderia a capacidade de rir — completou ele, parecendo muito sério de repente. Era como se ele lesse meus pensamentos. — Eles fazem parte de um pacote, é impossível ter um sem o outro. São como dois lados da mesma moeda.

Eu pensei sobre isso.

— Pare de pensar sobre isso — disse ele, agora rindo. — É impossível, eu não poderia te ensinar a fazer isso, mesmo se você quisesse.

— Então o que eu devo fazer? — perguntei. — Se eu não posso me livrar dessa sensação constante de tristeza, como conseguirei ser feliz algum dia?

O professor ficou mais sério:

— Você está procurando o tipo errado de felicidade. A verdadeira felicidade não diferencia a alegria que você sente ao se divertir e a tristeza que sente quando algo dá errado. A meditação não foi feita para encontrar esse tipo de felicidade. Se você quiser ficar feliz desse jeito, vá a uma festa. A felicidade da qual estou falando é a capacidade de se sentir confortável independentemente de *qual tipo* de emoção apareça.

— Mas como eu posso me sentir confortável com o fato de estar triste? — retruquei.

A abordagem

— Tente ver assim: esses sentimentos fazem parte de ser humano. Talvez você conheça pessoas que pareçam mais felizes que você e outras que sejam um pouco mais infelizes.

Eu concordei.

— Então, às vezes, somos predispostos a nos sentirmos de uma determinada forma — continuou ele—, algumas pessoas um pouco mais felizes e outras mais tristes. Mas o que está por baixo é o que importa, porque ninguém pode controlar os sentimentos. A pessoa feliz não consegue "manter" a felicidade para sempre, e a infeliz não consegue "afastar" a tristeza o tempo todo.

Embora essa não tenha sido a resposta mágica e concisa que eu estava procurando, pelo menos fez sentido.

Ele prosseguiu:

— Me diga, qual emoção está te causando mais problemas agora?

— Na maior parte das vezes é a tristeza, mas ela me deixa preocupado com a meditação, então fico com raiva porque não consigo parar de me sentir triste ou preocupado.

— Certo, esqueça a preocupação e a raiva por um instante. Podemos lidar com elas depois. Essas são apenas suas reações à tristeza. Vamos olhar para a emoção primária, a tristeza. Como ela te faz sentir?

Achei que a resposta era bem óbvia:

— Ela me deixa triste.

— Não — respondeu ele rapidamente —, essa é a *ideia* que você tem sobre o sentimento, como você *pensa* que se sente, em vez de como você *realmente* se sente.

Eu insisti um pouco mais:

— Não, eu *realmente* me sinto triste.

— Certo, então onde está?

— Onde está o quê? — perguntei, um pouco confuso.

— Onde está a tristeza? Está na sua mente ou no seu corpo?

— Está em todos os lugares — respondi.

— Tem certeza? — insistiu ele— Você já tentou encontrar esse sentimento para descobrir onde ele mora?

Eu estava tão envolvido pensando sobre ele que a ideia de estudá-lo nunca me ocorreu. Balancei a cabeça, um pouco envergonhado.

— Muito bem, então esse é o seu primeiro trabalho. Encontre a sensação de tristeza e depois conversaremos um pouco mais sobre ela.

A reunião estava claramente encerrada.

Nas semanas seguintes, passei muito tempo procurando essa sensação de tristeza. Embora ela parecesse influenciar os pensamentos em minha mente, eu não podia dizer que a tristeza representava os pensamentos em si. Além disso, os pensamentos eram tão intangíveis que nem era possível imaginá-los morando em algum lugar permanentemente. Parecia que quando eu pensava em certos assuntos, a sensação de tristeza se intensificava, mas não foi isso que ele me pediu para encontrar. Então eu comecei a examinar (mentalmente) o corpo durante a meditação, inspecionando-o por inteiro e tentando encontrar esse negócio chamado tristeza. Era uma ilusão, sem dúvida, mas definitivamente havia uma

A abordagem

determinada qualidade nas sensações físicas que me davam confiança para voltar e dizer que a emoção da tristeza estava em meu corpo.

— E então? Encontrou o que procurava? — perguntou meu professor, rindo, enquanto me chamava para seu escritório.

— Bom, sim e não — respondi. — Eu não consegui encontrar a tristeza em minha mente, embora ela pareça influenciar meus pensamentos.

Ele assentiu.

— Mas eu percebi que eu podia senti-la com mais força em determinados locais do meu corpo, como se fosse um pouco mais tangível.

O professor concordou de novo.

— O problema é que sempre que eu acreditava tê-la encontrado, ela parecia mudar para outra parte do corpo.

Ele sorriu e assentiu.

— Sim, é difícil estudar algo que fica mudando dessa forma. Onde você decidiu que a tristeza estava? — perguntou ele, erguendo as sobrancelhas.

— Acho que a senti mais aqui — disse, apontando para o peito.

— Algum outro lugar?

— Bom, talvez um pouco aqui também — respondi, agora indicando a região do diafragma.

— E os ouvidos? E os dedões dos pés? Você achou alguma tristeza lá? — perguntou ele, rindo.

O professor estava claramente se divertindo, mas tinha razão. Eu não tinha encontrado tristeza alguma nos meus ouvidos ou dedões dos pés. Na verdade, nem pensei em procurar lá. Ele continuou:

— Então você diz que a tristeza mora por aqui — disse ele, apontando para o meu peito — mas onde, *exatamente*? Você precisa ser mais específico. E se ela *realmente* mora ali, qual o tamanho e o formato? Estude um pouco mais e então conversaremos sobre ela.

Mais uma vez eu fui embora e tentei especificar a tristeza. Algo que notei durante esse período de observar o sentimento foi que a intensidade dele parecia ter diminuído. Não tinha certeza se era coincidência ou não, mas definitivamente houve uma mudança. De qualquer modo, fui procurar a tristeza de acordo com as instruções. Era complicado, porque ela não parecia ter qualquer forma ou tamanho óbvios. Às vezes ela parecia bem ampla, enquanto em outras ocasiões eu a sentia mais restrita. Em alguns momentos, parecia ser pesada, e em outras ocasiões eu a sentia um pouco mais leve. Mesmo quando eu acreditava ter localizado um sentimento muito nítido e definido, era muito difícil encontrar um ponto central. E assim que encontrei um ponto central e me concentrei nele, percebi que talvez ele tivesse um ponto central também. Parecia não ter fim. A única questão impossível de ignorar era que a intensidade da emoção continuava a diminuir. Agora eu não tinha dúvidas que ao substituir os pensamentos pela consciência simples, algo aconteceu e mudou. Eu me perguntei se era apenas um truque, se ele sabia o tempo todo que eu não acharia nada. Eu perguntaria a ele na próxima vez que nos encontramos.

A abordagem

Não sei se eu estava diferente, mas o professor pareceu reconhecer que eu estava menos triste assim que abri a porta. Expliquei o que tinha acontecido e ele ouviu pacientemente. Quando sugeri que isso poderia ter sido um truque para me fazer parar de pensar na tristeza o tempo todo, ele riu alto e se balançou para frente e para trás na almofada onde estava sentado, dizendo:

— Um truque bem engraçado. Não, não foi um truque. Quando você veio aqui, eu disse que a meditação iria ensiná-lo a ser mais consciente, nunca disse que iria livrá-lo de emoções desagradáveis. Porém, quando você ganha mais consciência, existe pouco espaço para essas emoções desagradáveis atuarem. Quando você pensa nelas o tempo todo, é claro que dá muito espaço a elas e as mantém em atividade. Mas se você não pensar nelas, então elas tendem a perder o embalo.

— Então *era mesmo* um truque — comentei.

— Sem truques! Você encontrou a tristeza que estava procurando?

— Bom, na verdade, não.

— Exatamente — disse ele com um sorriso no rosto — Não estou dizendo que esses sentimentos existem ou não, mas você descobriu por conta própria que, ao estudar a emoção bem de perto, é muito difícil encontrá-la. Isso é algo que deve ser lembrado quando você reagir intensamente a uma emoção. Quando você veio aqui, disse que além de se sentir triste, também se sentia frustrado e preocupado com a meditação. Mas essas emoções eram apenas sua reação à emoção original, piorando ainda mais o quadro. E agora, você sentiu raiva ou preocupação quando observou a tristeza de modo consciente?

Eu balancei a cabeça. Ele tinha razão, eu não tinha experimentado raiva nem tristeza. Às vezes, me sentia frustrado por não ser capaz de encontrar o que eu supostamente deveria estar procurando, mas certamente não estava preocupado. Na verdade, eu comecei a ficar ansioso para meditar e algumas vezes até me peguei rindo por não conseguir achar o que estaria me causando tantos problemas.

— Exatamente — disse ele de novo, dessa vez com um sorriso ainda maior no rosto. — Por que reagir com tanta força quando você nem consegue encontrar um sentimento para reagir? Para resistir a algo, é preciso saber ao que está resistindo. A "ideia" que temos de sentimento é, muitas das vezes, só isso: uma ideia. Quando olhamos um pouco mais de perto, vemos que essa ideia não era o que realmente pensávamos. Assim, fica difícil resistir a ela. E sem resistência, você apenas aceita essa emoção.

Não vou fingir que esse processo foi rápido, fácil ou que marcou o fim das minhas emoções desagradáveis. Mas a experiência me ensinou algumas lições. Uma das mais importantes foi que a emoção em si geralmente não é o problema. É o modo como reagimos a ela que causa o problema. Por exemplo, eu sinto raiva e reajo com mais raiva, colocando ainda mais lenha na fogueira e mantendo o fogo da raiva ativo. Ou fico preocupado e começo a me preocupar por estar preocupado. Ao recuar e conseguir um pouco de perspectiva (algo que jamais conseguiria sem a meditação), eu fui capaz de enxergar a emoção original como realmente era. E ao ganhar consciência, foi como se a emoção tivesse um momento de destaque e depois ficasse mais disposta a seguir em frente. Nós frequentemente nos fechamos quando aparecem sentimentos desagradáveis, sem querer senti-los ou

A abordagem

ficar perto deles. Porém, ao reagir assim, nós damos uma importância maior a essas emoções.

Quando você aprende a deixar as emoções irem e virem e obtém essa noção fundamental de consciência e perspectiva, não importa o quão difícil seja o sentimento, sempre existe a ideia de que tudo está bem, mesmo se a emoção for muito intensa. Outra lição que aprendi: às vezes a "ideia" de algo pode ser muito diferente da realidade. Eu pensei que estava muito triste, mas quando tentei localizar a tristeza, só encontrei pensamentos e sensações efêmeras. Foi difícil encontrar qualquer emoção permanente. Apenas achei pensamentos e sensações físicas que eram influenciadas pelos sentimentos.

EMOÇÕES EFÊMERAS

É bastante comum não termos consciência dos nossos sentimentos. Claro que percebemos quando eles estão fugindo do controle, nos dois lados do espectro, mas no restante do tempo é como se eles estivessem lá no fundo influenciando a visão que temos da vida. Porém, a velocidade com que nossas emoções mudam e um sentimento se transforma em outro pode fazer com que tudo pareça impossível de separar e definir. Pense na última vez em que você se sentiu feliz. Você lembra quando começou? Tire um minuto ou mais para ver se consegue dizer com precisão o momento exato em que a emoção de felicidade surgiu. E quando acabou? E a última vez que você ficou com raiva? Você talvez consiga se lembrar da situação ou contexto da raiva, mas consegue lembrar quando a sensação de raiva começou e quando terminou? E o que levou essas emoções a desaparecerem subitamente? Elas perderam o fôlego? Algo mais importante chamou sua atenção? Ou foram apenas substituídas pelo sentimento seguinte?

Para algo tão crucial em toda a nossa experiência de vida, temos uma compreensão extraordinariamente pequena das emoções. Os neurocientistas podem dizer com uma precisão incrível o que está acontecendo no nosso cérebro em termos fisiológicos, e os cientistas comportamentais podem interpretar esses dados e fornecer uma explicação racional para o motivo de nos sentirmos de uma determinada maneira. Embora seja útil e interessante, isso muda a forma como você se sente? Mais importante: muda como você responde ou reage à forma como você se sente? Posso até saber que não devo ficar com raiva porque isso libera compostos químicos prejudiciais ao meu corpo e aumenta a pressão sanguínea, mas esse conhecimento não me impede de ficar com raiva. Da mesma forma, eu sei que relaxar e ser um pouco mais tranquilo vai me deixar menos estressado, mas isso não serve para nada se estou enlouquecendo de tanta preocupação. Às vezes, a lacuna entre o que entendemos racionalmente e a nossa experiência das emoções no dia a dia pode parecer um enorme abismo.

Assim como o professor me disse para pensar em uma vida sem emoções, sejam elas boas ou ruins, você pode mesmo dizer que gostaria de viver sem emoções? O jeito como nos sentimos é fundamental para a nossa experiência de vida. Talvez, nesses momentos em que somos tomados por alguma emoção difícil, até desejemos que houvesse algum jeito de nos livrar de todas elas, mas isso costuma ser passageiro.

A abordagem

No geral, as pessoas começam a meditar ou se esforçando para *se livrar* das emoções ou temendo que a meditação possa transformá-los em algum tipo de bolha cinza e indiferente, sem qualquer tipo de emoção. Mas, como já vimos, esse realmente não é o caso.

O filtro das emoções

As emoções afetam a percepção que temos das pessoas, das situações e do ambiente em que vivemos. Consequentemente, elas também afetam nossos *relacionamentos* com pessoas, situações e o ambiente em que vivemos. As emoções são o filtro entre "nós" e "o mundo".

Quando estamos com raiva, o mundo parece muito ameaçador: nós vemos as situações como obstáculos e as outras pessoas como inimigas. E quando estamos felizes, o mundo parece um lugar bastante amigável, já que as mesmas situações agora são vistas como oportunidades e as mesmas pessoas como amigas. O mundo ao redor não mudou tanto assim, mas a experiência que temos desse mundo é radicalmente diferente.

Quando penso nessa ideia de filtro, eu me lembro do meu lugar favorito para passar as férias. É uma região escarpada e perto do mar, onde as forças da natureza são intensas e o clima muda com frequência. Da cadeira onde gosto de ficar sentado, consigo ver uma enorme rocha que se impõe sobre o vilarejo, e a praia e se estende até o oceano. Em um dia claro de sol, esses penhascos ficam espetaculares. Eles parecem profundamente vermelhos e têm um ar majestoso. Mesmo de longe, é possível ver todos os detalhes. Em um dia como esse, a rocha realmente impressiona. Mas quando está um pouco mais nublado, a aparência da rocha muda ao longo do dia. Às vezes ela parece sem graça, em um tom quase marrom fosco causado pela sombra das nuvens. Em outros momentos, parece ganhar um tom amarelo sulfuroso. Se as nuvens estiverem bem carregadas, a pedra pode até parecer verde. Às vezes, quando o dia está realmente tempestuoso, os penhascos viram algo totalmente diferente. Eles ganham um tom quase negro, e os ângulos agudos no alto da rocha parecem alcançar o céu. Em dias assim, a rocha parece imponente, de natureza ameaçadora, até. Obviamente, a "rocha" não mudou em nada, as nuvens passaram acima dela e criaram a ilusão que a rocha estaria diferente de alguma forma. Do mesmo modo, o filtro das emoções cria uma ilusão de como está o mundo em um determinado momento.

Mas existe também um aspecto da emoção que diferencia uma experiência efêmera de felicidade ou tristeza, por exemplo, de uma sensação mais enraizada e habitual de felicidade ou tristeza. No contexto da meditação, isso às vezes é discutido em termos de "características" e "estados".

Características

As características são as emoções que parecem definir o caráter. Pode ser a "alegria da Amy" ou o "mau humor do Mark". Essas características podem refletir a criação, o condicionamento social e as experiências que nos formaram ao longo da vida. É como se elas fossem parte do nosso código genético, e tendem a parecer bem "definidas". Por conta disso, muita gente nem tem consciência das próprias características. Tire um momento para pensar em quais seriam as suas características. Você pode levar em conta sua forma de enxergar a vida. Ela parece estar trabalhando *a seu favor* ou *contra* você? É um *prazer* ou um *fardo*? Para a meditação ser eficaz, não importa a sua escolha, embora você possa achar a primeira visão de mundo muito mais agradável de viver. E os seus amigos, familiares e colegas de trabalho? Tenho certeza que você consegue encontrar pessoas nas duas pontas da "escala de perspectiva". Em uma ponta está quem consegue ser negativo em praticamente todas as situações — seja ganhar na loteria, encontrar o amor e até conseguir uma promoção. Elas podem sentir muita raiva ou apenas viver reclamando. Na outra ponta do espectro, existem as que parecem tão, mas tão felizes que você até se pergunta se essa pessoa é de verdade. Claro que, às vezes, elas não são "de verdade", mas sem dúvidas existem pessoas que parecem naturalmente felizes e contentes com a vida. Por isso, essas emoções podem ser comparadas a características de personalidade.

Estados

Os "estados", por sua vez, referem-se às emoções efêmeras que vêm e vão no dia a dia. Talvez alguém diga algo desagradável para você, seu filho dê os primeiros passos ou você receba uma notícia ruim. Esses acontecimentos provavelmente serão recebidos com a emoção adequada, que virá e depois irá embora: são os "altos e baixos" da vida. Você pode ter um surto de raiva com um motorista no trânsito, mas antes de se deixar levar, algo no rádio chamou sua atenção e você se viu rindo e esquecendo a raiva. Ou pode ser algo mais sério, talvez um longo período de depressão após perder o emprego, que durou um tempo e depois foi embora. De qualquer modo, o fato desses sentimentos aparecerem e desaparecerem dessa forma indica que eles são "estados" temporários, diferentemente das "características".

Às vezes, os estados emocionais ficam tão enraizados em nós que começam a se parecer com as características. É como se a emoção fosse tão avassaladora que não conseguimos enxergar nada além delas. Nessas situações, a emoção pode até começar a definir quem somos. A depressão é um bom exemplo disso. Então, embora os estados e as características pareçam inseparáveis às vezes, é útil saber as diferenças.

A CLAREZA MENTAL E AS EMOÇÕES

Após experimentar várias técnicas de meditação durante vários anos, ainda sinto que a abordagem mais clara, simples e amplamente acessível em relação às emoções é a mesma que discutimos sobre o pensamento. Afinal, é muito difícil separar o pensar do sentir. Seus pensamentos definem o jeito como você se sente? Ou o jeito como você se sente define seus pensamentos? *Mindfulness* é a capacidade de se manter nesse estado natural de consciência, resistindo à tentação de julgar qualquer emoção que apareça e, portanto, nunca se opondo ou sendo levado por um sentimento. A meditação é apenas o exercício que dará as melhores condições para você praticar o *mindfulness* voltado para essas emoções. E a clareza mental é o resultado dessa abordagem. Clareza mental não significa ficar *livre* das emoções, mas ficar à vontade com todas as emoções que aparecerem.

Da mesma forma que não podemos definir os pensamentos como "bons" ou "ruins", vamos fazer o mesmo com os sentimentos. Geralmente, as pessoas reagem à essa ideia com: "O quê? Como você pode me dizer que a raiva não é ruim? Acabei de gritar com alguém, e isso com certeza é ruim, não? A sensação é horrível.

A abordagem

Quando estou com raiva, parece que vou explodir! O que tem de 'bom' em sentir raiva?" Bem, é claro que as consequências da raiva são um assunto completamente diferente, e é preciso exercitar o controle. Mas, no contexto desse exercício, vale a pena manter a mente aberta, curiosa e interessada na natureza da emoção em si, em vez de apenas rotulá-la como boa ou ruim de acordo com experiências passadas. Caso contrário, repetiremos a atitude de buscar as emoções "positivas" e tentar se livrar das "negativas". Só você pode dizer se essa abordagem funcionou até agora.

Então voltamos à ideia da curiosidade gentil: observar, prestar atenção e perceber o que acontece no corpo e na mente à medida que as emoções vêm e vão. Lembre-se: o objetivo aqui é a clareza mental, uma sensação de conforto com qualquer emoção que seja. Significa ficar sentado à beira da estrada observando as emoções passarem, sem se envolver com aquelas que parecem convidativas ou fugir daquelas que parecem assustadoras. A técnica não é para evitar que *emoções* e *pensamentos* surjam. Afinal, ambos surgem espontaneamente. O importante é como nós recebemos essas emoções e reagimos a elas.

Quando abordamos as emoções através da meditação, não é que precisemos dar mais importância a elas (que já recebem bastante atenção). Na verdade, precisamos encontrar um jeito mais habilidoso de lidar com elas. Precisamos ter ciência das nossas emoções, vivenciá-las, reconhecê-las e viver com elas, sem nos deixar à mercê. O *mindfulness* e a meditação nos ensinam a fazer isso da melhor forma.

Em um nível intelectual, também podemos apreciar o valor das então chamadas emoções negativas. Já ouvi muitas pessoas dizerem que se não fosse por um período particularmente difícil na vida, eles nunca teriam se transformado nas pessoas que são hoje — e que, mesmo se pudessem voltar e mudar tudo, elas não o fariam. Com a passagem do tempo e uma maior perspectiva, a experiência da emoção pode ser bem diferente.

É a natureza da vida que coisas aconteçam. E quando essas coisas acontecerem, pode ser bom saber que você está bem equipado para enfrentar a situação. Isso não quer dizer que você não vai senti-las, porque certamente vai. Mas o jeito com o qual você se relaciona com o sentimento vai permitir que você abra mão dele com mais rapidez e facilidade.

Quinto exercício: ganhando consciência dos seus sentimentos

Nem sempre somos bons em reconhecer como estamos nos sentindo. Isso geralmente acontece porque nos distraímos com o que estamos fazendo ou pensando. Mas quando você começa a meditar, inevitavelmente passa a ter mais consciência de como se sente — da variedade e intensidade dos sentimentos, da natureza teimosa de algumas emoções e fugaz de outras. Como você se sente agora, por exemplo? Deixe o livro de lado por alguns minutos e feche os olhos. Talvez ajude perceber como seu corpo se sente primeiro, já que isso pode dar uma pista das emoções subjacentes. Ele parece pesado ou leve? Há uma sensação de quietude ou inquietação em seu corpo? De restrição ou de amplitude? Em vez de se apressar para responder, aplique a ideia da curiosidade gentil e tire uns vinte ou trinta segundos para responder cada pergunta. E como você está sentindo a respiração? Rápida ou lenta? Profunda ou rasa? Sem tentar mudá-la, separe alguns minutos para observá-la. No final do exercício, você provavelmente terá uma noção muito maior de como se sente emocionalmente falando. Mas se isso não acontecer, fique tranquilo: é perfeitamente normal no começo, e vai ficar mais óbvio com a prática.

A abordagem

CURIOSIDADE GENTIL

Quando ouvi falar que a meditação era apenas um instantâneo da minha mente no dia a dia, achei difícil acreditar. Eu nunca tinha sentido minha mente com tanta consciência, então nunca tinha visto as coisas dessa forma. Por um lado, havia uma familiaridade com isso tudo, mas, por outro, definitivamente não era o que eu esperava. Talvez você já tenha percebido isso em relação à sua própria mente, mesmo com esses breves exercícios que passei até agora. Quando encontramos algo novo ou inesperado, tendemos a reagir de modo diferente do que reagiríamos a algo familiar. Alguns ficam empolgados e maravilhados, enquanto outros desenvolvem uma sensação de ansiedade ou apreensão. O mesmo vale para a observação da mente.

Quando comecei, o meu *modus operandi* era a teimosia. Eu não estava muito interessado no que acontecia pelo caminho, só queria vivenciar o resultado final de meditar: a iluminação. Acho que podemos chamar essa atitude de "iluminação ou nada", porque eu estava sempre concentrado em algum objetivo futuro em vez de viver o momento e apreciar tudo o que a vida tinha a oferecer. Buscar algum tipo de experiência ou querer ser recompensado com algum sinal de progresso ou satisfação é um erro comum na meditação. Mas paz de espírito ou lucidez sempre serão ilusórios se nos esforçarmos muito para encontrá-los.

Entretanto, quando se trata de meditar, o objetivo e a jornada têm a mesma importância. Então minha relação com a meditação provavelmente se assemelhava a sair de casa em um feriado, dirigir a noite inteira sem descansar, sem parar em nenhum lugar no caminho e me recusando a olhar pela janela durante o dia. Meio que acaba com o objetivo!

O guia do Headspace para meditação e *mindfulness*

As qualidades que você traz para a abordagem vão sempre refletir sua criação e seu caráter. Você pode gostar de algumas delas e considerá-las úteis, enquanto outras podem ser desconfortáveis e totalmente inúteis. Mas se você conseguir trazer um pouco de interesse e curiosidade para a meditação, essas qualidades não importam, porque elas passam a fazer parte da meditação e do que é observado. Um dos meus professores costumava descrever essa qualidade como *curiosidade gentil*. Quando ela se tornar parte de sua abordagem para meditação, você vai notar que a mente fica muito mais aberta. Por exemplo, você pode pensar, assim como eu pensava na época, que se você observou uma respiração, observou todas. Se essa for a sua atitude para seguir a respiração, não há dúvida que você vai perder o interesse rapidamente. Porém, se você tirar um tempo para analisá-la um pouco mais de perto, vai notar que cada respiração na verdade é bem singular. O mesmo pode se dizer dos pensamentos que passam pela mente (ainda que, às vezes, pareça ser somente um voltando repetidamente) e até as sensações físicas que surgem no corpo.

Para mim, a ideia de abordar a meditação com uma curiosidade gentil deixa implícito um interesse aberto, suave e paciente. Talvez seja algo parecido com o ato de se agachar silenciosamente atrás de uma árvore enquanto observa um animal selvagem: você está totalmente concentrado no que está assistindo, cem por cento cativado e envolvido. Você tem consciência da brevidade do momento e está livre da impaciência, sem querer que o animal *faça* algo, apenas contente em assistir o acontecimento. Ou talvez seja como observar um inseto no chão. Primeiro você olha para ele e pensa: "Ah, é um inseto." Mas, depois, você olha um pouco mais de perto

A abordagem

e vê todas as patas. Ao observar ainda mais de perto, vê os detalhes do rosto. Você nota algo novo nesse "inseto" a cada vez que olha. Se você puder aplicar a ideia de curiosidade gentil à sua meditação e até ao seu dia a dia, vai acrescentar algo igualmente benéfico e inesperado a ambos.

A sopa apimentada

Para fins de contraste, eu queria contar uma última história antes de passarmos à prática em si. Ela envolve minha falta de curiosidade gentil, um monastério bastante rígido e uma sopa muito apimentada.

Como acontece em vários monastérios no Ocidente, esse local frequentemente abria as portas a visitantes para que eles pudessem fazer breves retiros de meditação. Nesses períodos, esperava-se que nós cuidássemos desses convidados. Como parte do cronograma, eles recebiam café da manhã e almoço em seus quartos. Embora a ideia serviço de quarto em um monastério possa parecer luxuosa demais, a intenção era dar aos participantes a oportunidade de praticar a meditação enquanto se alimentavam. Então, como monges e monjas, nós nos revezávamos em turnos para fazer a comida, colocá-la nos pratos e entregá-las nos quartos. O almoço consistia simplesmente em uma pequena tigela de sopa e um pedaço de pão. As sopas eram todas feitas na hora, geralmente com ingredientes do jardim, e variavam ao longo da semana. Nós fazíamos muitos retiros e eu estava me acostumando com o passo a passo de preparar a sopa e, para ser sincero, não dava muita atenção a ele. Na verdade, fiquei até um pouco negligente: colocava um pouco disso, um pouco daquilo, misturava tudo e via o que acontecia. Eu gostava de pensar que era instinto criativo, mas na verdade eu era preguiçoso demais para medir e pesar tudo corretamente, o que geraria mais louça para lavar. Além disso, descobri que teria mais tempo para descansar se terminasse o trabalho mais rápido.

Um belo dia, entrei na cozinha e vi que o cardápio era a sopa mulligatawny. Ela leva curry e eu já havia preparado antes, então comecei a cozinhar os vegetais, misturando tudo e fazendo o caldo. Por já ter feito a sopa várias vezes, nem me preocupei em ver a receita. Foi quando cheguei na hora de adicionar as ervas e o curry em pó. Como acontece em várias cozinhas grandes, todos os temperos e ervas eram guardados em potes idênticos. Na verdade, a única forma de diferenciá-los era através da aparência do conteúdo e de uma etiqueta simples colada na frente dos potes. Abrindo o armário, peguei o recipiente com a etiqueta "curry em pó". Observando a cor avermelhada do pó, parei por um momento e pensei que ele tinha uma aparência estranha, mas rapidamente deixei o pensamento de lado. Eu estava com muita pressa para aplicar a curiosidade gentil, e só queria acabar logo para aproveitar um pouco mais a pausa para o almoço. A ideia de fazer a sopa e me divertir ao mesmo tempo nem tinha me ocorrido.

Quando aprendi a fazer a sopa, fui orientado a prová-la durante o preparo, a fim de garantir que estava tudo bem. Sem prestar muita atenção às medidas e nem me importando em prová-la, rapidamente coloquei vários ingredientes. Pensando em caprichar no tempero para dar mais sabor, adicionei muitas colheres de sopa e continuei a mexer os ingredientes até parecer que estava na consistência certa e pronta para servir.

Eu me inclinei e cheirei a sopa. Meu nariz sentiu os temperos e meus olhos imediatamente começaram a lacrimejar. "Que

A abordagem

estranho", pensei. "Não me lembro de isso ter acontecido antes." Peguei a colher e provei um pouco. Parecia que minha cabeça ia explodir. Quer dizer, eu gosto de pimenta, passei muito tempo morando na Ásia devorando comida apimentada, mas isso era muito diferente. Eu nunca tinha provado nada tão apimentado na vida. Tossindo e cuspindo, tentei esfriar a boca com qualquer coisa que achei que pudesse ajudar. Olhei para o relógio e vi que só faltavam cinco minutos para servir a sopa aos convidados. Infelizmente, a calma que eu tinha acabado de descobrir na prática da meditação ainda precisava aparecer nos momentos mais estressantes do cotidiano. Então, em vez de aceitar tranquilamente a situação, eu comecei a entrar em pânico.

Logo pensei nas casas de curry que eu costumava frequentar depois de alguma festa quando era estudante. Só consegui me lembrar da ideia de equilibrar o apimentado com algo frio e doce, então peguei o leite e joguei na tigela. Nada. Despejei mais um pouco. Nada. E agora ela estava ficando realmente rala. Comecei a falar comigo mesmo enquanto preparava: "Iogurte? Por que não? Manda ver." Ainda nada. "Geleia de damasco? Manda ver." Essa pareceu funcionar um pouco, embora tenha deixado a sopa com um gosto bem estranho. Trabalhando com a premissa de que todo tipo de doce era a solução, acrescentei geleia de laranja, mel e até melado. Ainda estava absurdamente apimentada, mas pelo menos agora estava vagamente comestível, ainda que com um gosto bem peculiar.

Enchi as tigelas rapidamente e as coloquei na frente de cada um dos quartos, batendo na porta para avisá-los que o almoço estava pronto. Eu tinha começado a me acalmar, mas sabia como era estar no retiro, ansioso para a última refeição do dia, e receber algo horrível. O lado bom é que estávamos no segundo dia de um retiro silencioso de uma semana, então ninguém poderia reclamar por mais cinco. Eu pensei: "Quem sabe? Talvez eles já tenham esquecido até o final da semana." Mas sério: quem iria esquecer isso? Passar mal é desagradável até nos melhores momentos da vida, mas em um retiro silencioso e dividindo um banheiro com outras seis pessoas definitivamente não é divertido.

Depois eu soube que na hora de encher os potes com os temperos, alguém confundiu curry com chili em pó. Então, em vez de colocar uma colher de sopa de curry em pó na sopa, eu usei duas colheres cheias de chili em pó. Claro que nenhum dano real aconteceu, no fim das contas. Mas, para mim, isso representa o fato que, às vezes, nós passamos correndo pela vida, tentando chegar ao final de tudo sem prestar atenção à jornada. Se eu tirasse um tempo para fazer uma pausa e ser curioso, eu poderia facilmente ter evitado toda a situação. Entretanto, eu estava tão envolvido na busca do tempo livre que fiz tudo com pressa. Ironicamente, passei todo o meu tempo livre preocupado com o que tinha feito. Parece familiar?

Então, ao aplicar essas instruções na hora de meditar, tente, sempre que possível, aplicar essa ideia de curiosidade gentil ao que estiver observando em sua mente. Vai fazer muito mais diferença do que você pode imaginar.

Sexto exercício: inspeção corporal com a mente

Um ótimo jeito de cultivar a sua curiosidade gentil é aplicá-la às sensações físicas do corpo. Coloque o livro de lado mais uma vez e, como anteriormente, feche os olhos devagar. Começando pelo alto da cabeça, inspecione mentalmente seu corpo inteiro até as pontas dos dedões dos pés. Faça isso rapidamente da primeira

A abordagem

vez, levando cerca de dez segundos para ir da cabeça aos pés. Da segunda vez, demore um pouco mais, uns vinte segundos. E depois repita uma última vez, um pouco mais detalhadamente, levando entre trinta a quarenta segundos. Ao inspecionar todo o corpo, observe quais partes estão relaxadas, confortáveis e descansadas e quais estão doloridas, desconfortáveis ou tensas de alguma forma. Tente fazer isso sem nenhum julgamento ou análise, apenas para criar um quadro de como o seu corpo está agora. Não se preocupe caso os pensamentos distraiam você de vez em quando — sempre que perceber a mente devaneando, basta trazê-la de volta gentilmente.

O QUE AS PESQUISAS MOSTRAM

1 Profissionais da saúde apoiam o *mindfulness*

Em um estudo recente feito pela Fundação de Saúde Mental do Reino Unido, 68% dos clínicos gerais concordaram que seria útil para os pacientes aprender técnicas de meditação baseadas em *mindfulness* — até para aqueles sem qualquer problema de saúde. A única dificuldade é que maioria desses médicos alegou não saber onde encontrar o material adequado para trabalhar com *mindfulness*. Então entra em cena o Headspace.

2 A meditação ativa as partes do cérebro relacionadas à felicidade

Se você é um tipo de pessoa bastante resiliente e otimista, então há uma grande chance de o lado *esquerdo* do seu cérebro ser muito ativo. Por outro lado, se você tende a ficar muito ansioso e envolvido em vários pensamentos negativos, o lado *direito* do seu cérebro será o mais ativo. Os neurocientistas da Universidade de Wisconsin descobriram que depois de apenas oito semanas de prática de *mindfulness*, os participantes tiveram alterações significativas na atividade cerebral, do hemisfério direito para o esquerdo, o que correspondia a um aumento na felicidade e no bem-estar.

3 *Mindfulness* reduz a intensidade das emoções negativas

Os neurocientistas da Universidade da Califórnia em Los Angeles descobriram recentemente que os praticantes do *mindfulness* vivenciam emoções negativas com uma intensidade menor do que os não-praticantes. Eles descobriram que ao "rotular" essas emoções e ter mais consciência delas, a intensidade apresentava uma redução significativa. Então, da próxima vez que você quiser escrever um e-mail de retaliação para o chefe ou gritar com seu parceiro em um ataque de fúria, rotule a raiva como "raiva" e talvez você evite um pedido envergonhado de desculpas depois.

4 A meditação diminui os efeitos nocivos do estresse

Todos sabem que o estresse tem grande impacto na saúde. No passado, os médicos descobriram que a "resposta ao estresse" pode aumentar a pressão sanguínea, o nível de colesterol e até levar a derrames, hipertensão e doenças cardíacas. Ele também afeta o sistema imunológico e reduz as chances de concepção. Por outro lado, é comprovado que a meditação evoca a "resposta ao relaxamento", diminuindo a pressão sanguínea, frequência cardíaca e respiratória e o consumo de oxigênio, além de melhorar significativamente o sistema imunológico.

A abordagem

5   O *mindfulness* reduz a ansiedade

Há alguns anos, a Escola de Medicina da Universidade de Massachusetts investigou os efeitos da meditação baseada no *mindfulness* em um grupo de pessoas que sofria de transtorno de ansiedade generalizada. Um incrível número de *noventa por cento* dos participantes documentaram uma redução significativa na ansiedade e depressão depois de apenas oito semanas de aprendizado. E o mais surpreendente é que, em um acompanhamento realizado três anos após o experimento inicial, os pesquisadores descobriram que esses benefícios se mantiveram.

CAPÍTULO DOIS

A PRÁTICA

Existem milhares de técnicas de meditação no mundo, vindas de suas próprias tradições e com suas próprias ênfases. Porém, no coração da maioria delas está a intenção de manter o foco, a concentração, o relaxamento e a qualidade natural de consciência que mencionei anteriormente. Outro jeito de falar pode ser "a intenção se manter no momento". Antes que você diga: "Isso definitivamente não parece a minha mente e eu nunca vou conseguir fazer isso, minha cabeça é uma bagunça", vale a pena lembrar que essa é uma habilidade que você está aprendendo. Se você nunca tivesse tocado piano na vida e fosse para a sua primeira aula, duvido que sairia correndo só de olhar para o instrumento musical. Suponho que esse seja o motivo pelo qual você foi à aula, para começo de conversa: para aprender a tocar piano. Esse é o mesmo princípio. Talvez você sinta que sua mente está uma bagunça, mas é justamente por isso que você está aprendendo a meditar. Pode parecer óbvio, mas é fácil se esquecer desse fato.

O guia do Headspace para meditação e *mindfulness*

Toda meditação, não importa de qual cultura ou tradição ela venha, o quão complicada seja ou qual objetivo tenha, se baseia em pelo menos dois componentes essenciais: concentração (o aspecto relaxante) e clareza (o aspecto da percepção). Às vezes, a técnica pode incorporar apenas um desses componentes e, em outras, vai incorporar ambos. O que normalmente tende a diferenciar as técnicas de meditação é a abordagem e o resultado desejado. Por exemplo, a técnica pode ser feita para aumentar a concentração, gerar devoção, desenvolver compaixão, melhorar o desempenho ou qualquer outra opção entre um grande número de possibilidades. Porém, todas essas técnicas se baseiam em pelo menos um, quando não ambos, desses dois componentes fundamentais. O *mindfulness* é um ótimo exemplo de como esses dois aspectos diferentes podem se juntar para criar uma técnica ampla, flexível e muito bem adaptada às demandas da vida moderna. E o mesmo vale para a Take10, técnica que estou prestes a te ensinar. Ela une esses dois componentes, mas com uma ênfase levemente maior no aspecto relaxante.

Você já percebeu como a mente fica quieta quando você realmente se concentra em algo? Como, mesmo que sua mente esteja uma bagunça, quando você se envolve e se concentra completamente em algo que gosta de fazer, a sua mente começa a se acalmar? Bom, a meditação é um processo muito semelhante. Para começar, precisamos dar à mente algo para se concentrar e manter o foco. Esse método era tradicionalmente conhecido como "objetos de meditação" ou "suportes de meditação", classificados como externos ou internos. Os suportes externos podem incluir técnicas como olhar para um objeto específico, ouvir um determinado som ou entoar

A prática

uma palavra ou frase específica repetidamente. Esse último suporte, conhecido como mantra, também pode virar um objeto interno se você repeti-lo em sua mente em vez de recitar em voz alta (fique tranquilo, não vamos fazer nenhuma entonação — o Headspace funciona de modo diferente). Outros objetos de meditação internos podem exigir a concentração no ato de meditar em si, nas sensações corporais ou até na visualização de uma imagem específica na cabeça.

Para o Take10, vou sugerir que você use a respiração como apoio primário. Existem muitos motivos para isso e vou explicar alguns com detalhes depois, mas antes de tudo, a respiração é um dos objetos de meditação mais flexíveis. Ao contrário de entoar um mantra ou olhar para uma vela, você conseguirá fazer isso em qualquer lugar, até em público, sem que outra pessoa saiba o que você está fazendo. A respiração está com você em qualquer lugar. E, caso não esteja, a meditação é a menor de suas preocupações! Mas também existe algo reconfortante em se concentrar em uma sensação física, já que ela ajuda a tirar a atenção do reino dos pensamentos e colocá-la em algo um pouco mais tangível.

Para algumas pessoas, o simples fato de ficar sentado todos os dias, observando a respiração, deixando a mente se acalmar e permitindo que toda a tensão saia do sistema é o suficiente. Como eu disse anteriormente, não há nada de errado em usar a meditação dessa forma, só que você não vai obter todos os benefícios dela. Para aproveitar a meditação ao máximo, o ideal seria integrá-la ao seu dia a dia. E para fazer isso, você precisará acrescentar o segundo componente: a clareza. Assim, você conseguirá ver o que está causando a tensão e entender como e por que se sente de determinado jeito em certas situações. É a diferença entre "reagir com maestria" e "reagir impulsivamente". Então, em vez de chegar a um ponto de estresse e ter que relaxar depois, você poderá impedir seu surgimento — na maioria das vezes, pelo menos. Eu diria que você precisa *adicionar* a clareza, mas isso não é necessariamente verdadeiro, porque a clareza surge naturalmente de uma mente tranquila.

A poça de água parada

Um dos monastérios onde morei era inteiramente dedicado à meditação. Não havia nenhum estudo de filosofia ou psicologia, tudo era voltado para a prática em si. Não havia visitantes ou ligações de celular, e as distrações eram mínimas. Nós começávamos a meditar às três da manhã e continuávamos ao longo do dia (com algumas pausas) até às dez da noite. Para alguém que queria dedicar todo o seu tempo à meditação, foi um sonho realizado. Embora essa abordagem possa parecer radical, na verdade faz muito sentido. O motivo pelo qual eu me afastei de tudo e virei monge foi para treinar minha mente no local mais propício possível, então limitar as distrações era apenas o ponto de partida para esse processo. E é impressionante como, quando o corpo e a mente estão desprovidos das distrações usuais, até as menores atitudes podem criar um caos na quietude mental. Uma simples carta de um amigo pode provocar todo tipo de pensamentos e emoções e manter a mente entretida por vários dias. Então, sem nada disso para me distrair, talvez não surpreenda que minha mente tenha começado a desacelerar e a se estabilizar mais. E quando isso aconteceu, algo ficou imediatamente óbvio: quanto mais calma a mente, maior a clareza.

A prática

Ao longo dos anos, ouvi muitas formas de descrever esse processo, mas a analogia que vou dividir com vocês agora funciona melhor. Imagine uma poça de água limpa e totalmente parada. A água é profunda, mas muito, muito limpa. Por ser tão limpa, você pode ver tudo lá no fundo, fazendo com que ela pareça rasa, mesmo não sendo. Agora imagine que você está sentado à beira da poça, jogando pedregulhos no meio dela. Comece devagar, jogando as pedras só de vez em quando. Você vai notar que cada novo pedregulho cria uma ondulação na superfície da água, e depois leva um tempo para a água se estabilizar de novo. Se você jogar outra pedra antes da água ter se estabilizado por completo, criará um novo tipo de ondulação que se mistura ao anterior. Agora imagine jogar um pedregulho atrás do outro e ver toda a superfície da água se mexendo ao mesmo tempo. Quando a superfície da água está assim, é quase impossível ver algo dentro da poça, que dirá o fundo.

Essa imagem reflete a superfície da nossa mente de várias formas — pelo menos até conseguirmos treiná-la um pouco. Cada novo pensamento, como um pedregulho jogado na água, cria ondas na superfície. Ficamos tão acostumados a jogar esses pedregulhos, tão habituados à perturbação na superfície da água, que até esquecemos como é a água parada. Sabemos que algo não está certo, mas é como se quanto mais nós tentássemos organizar a mente, mais ondulações surgissem. É essa inquietação da mente que cria o sentimento de agitação quando nos vemos incapazes de relaxar. Nem preciso dizer que, quando a mente está agitada assim, é quase impossível ver o que está acontecendo e o que se esconde embaixo da superfície. Por conta disso, não temos nenhum entendimento sobre a natureza da mente e dos nossos sentimentos. Então, sem acalmar a mente, fica muito difícil ter clareza. É por isso que essa técnica, em particular, é levemente mais focada no componente da concentração.

Não sei se funciona assim para você, mas eu sempre imaginei que a clareza na meditação eram lampejos de sabedoria que iriam transformar a minha experiência cotidiana imediatamente. Olhando para trás, vejo que é um processo um pouco mais gradual. Talvez seja mais útil, então, pensar na clareza como se fosse um desvelar constante da mente, uma percepção cada vez mais direta do que está acontecendo. E essa clareza crescente é vital. É muito difícil viver com uma noção de tranquilidade e propósito se estamos sempre perdidos, confusos e incapazes de direcionar a mente de um modo específico. Não importa o quão tranquilos estejamos, todos nós temos certos hábitos que se beneficiariam do aumento da consciência. Às vezes eles parecem estar escondidos logo abaixo da superfície, prontos para fazer uma aparição espetacular quando menos esperamos. Na verdade, pode ser que aconteça algo extremamente trivial, bastando o comentário mais inócuo para fazer a sensação correr até a superfície e tomar conta da poça inteira. Parece familiar? Se vamos estudar esses sentimentos e emoções que complicam e enriquecem nossas vidas ao mesmo tempo, é preciso que a superfície da água esteja calma o bastante para que possamos vê-la.

O que precisamos lembrar sobre clareza é: o que precisa ficar claro vai ficar claro *naturalmente*. A meditação não é sobre escavar os recônditos da mente, desenterrando lembranças antigas, investigando e tentando entender tudo. Isso não é

A prática

meditação, é pensamento — e todos nós sabemos onde o pensamento nos levou! A clareza vem no seu próprio tempo e do seu próprio jeito. Às vezes, clareza significa estar mais consciente do processo de pensamento. Em outras, a consciência pode mudar para as emoções ou sensações físicas. Não importa o que aconteça e que tipo de consciência você desenvolva, permita que o processo aconteça naturalmente. Então, em vez de resistir porque é desagradável ou desconfortável, ou tentar apressar a saída dessa consciência mergulhando em pensamentos excessivos, apenas permita que ela aconteça do seu próprio jeito e ritmo.

Lembre-se: essas experiências são essencialmente o corpo e a mente liberando antigas bagagens emocionais que carregam há muito tempo. O fato de você ver tudo com mais clareza é excelente, mesmo que a experiência não seja sempre confortável — porque esse é o processo de abrir mão e, ao fazer isso, nós conseguimos viver com um pouco mais de leveza.

Confira o site www.getsomeheadspace.com/headspace-book/get-some-headspace para ver uma breve animação que ilustra muito bem essa ideia.

O gramado

Voltando ao "Colditz", o monastério do qual eu escapei pulando o muro, uma vez me pediram para cortar a grama. O terreno era bem grande e havia muita terra para cobrir, então eu naturalmente fui ao galpão para pegar o cortador de grama. Mas assim que peguei o aparelho, um dos monges mais antigos me ofereceu uma tesoura de jardinagem.

— O que eu vou fazer com isso? — perguntei.

— Você é responsável por cortar a grama — respondeu ele, com mais prazer do que o necessário.

— Você só pode estar de sacanagem. Vou levar a vida inteira! Qual o sentido em ter um cortador de grama se não o usamos? — retruquei.

Ele me encarou:

— Em primeiro lugar, nunca mais fale assim comigo. Em segundo lugar, não, eu não "estou de sacanagem". O chefe do mosteiro pediu para você cortar a grama com essa tesoura e é exatamente o que você vai fazer.

Não tenho vergonha de admitir que precisei usar cada grama do meu autocontrole para não perder a linha com aquele homem. Mas ele já tinha me causado muitos problemas com o chefe do mosteiro, então, dessa vez, preferi não levar isso adiante. Saí com a tesoura de jardinagem nas mãos e vários pensamentos que, como monge noviço, eu definitivamente não deveria ter.

Cortar um gramado com uma tesoura de jardinagem parecia um pouco com cortar cabelo. Eu segurava o tufo de grama entre os dedos médio e indicador da mão esquerda e cortava com a tesoura de jardinagem na direita. Tudo precisava estar perfeitamente nivelado, uma proeza que só poderia ser obtida colocando a bochecha no gramado ao lado da parte que eu estava aparando. Havia três gramados no total, e só esse era quase do tamanho de uma quadra de tênis. Claro que, após alguns minutos de trabalho, eu estava tentando avaliar quanto tempo eu demoraria. Também comecei a pensar nos meus joelhos que estavam ficando molhados na grama, nas minhas costas que doíam com o esforço e, claro, no monge que me deu a tesoura de jardinagem. Na verdade,

A prática

minha mente estava repleta de pensamentos. Eu não tinha um senso de calma e achei difícil me concentrar na tarefa. E, por ainda estar bastante irritado, eu também não tinha clareza alguma.

Naquele momento, era como se tudo estivesse influenciado pela raiva. Não sei se você já sentiu isso, mas é como se todos os seus pensamentos tivessem a mesma raiva que muda toda a perspectiva do mundo ao seu redor. Eu estava tão envolvido nos pensamentos, em todas as ondulações na superfície da água, que não enxergava isso de forma alguma. Era como se eu estivesse tão perto demais da raiva e me identificasse tanto com ela, que eu mesmo tinha *virado* a raiva, em vez de apenas testemunhar sua presença. E sem ter a clareza que, na verdade, a raiva vinha da minha mente, eu apenas procurava formas de alimentar esse sentimento. Claro que a atitude do monge não foi incrível, mas eu estava lá por vontade própria e poderia ter ido embora, se eu quisesse. Não era muito diferente de receber uma tarefa desagradável ou chata em uma loja, escritório, fábrica ou qualquer outro local de trabalho. Na verdade, talvez você já tenha identificado os seus momentos de "cortar a grama". Embora seja importante reconhecer que definitivamente não é certo ser humilhado, agredido, constrangido ou enganado — seja no trabalho ou em casa —, também é importante identificar, do ponto de vista meditativo, a fonte da raiva que às vezes sentimos na vida. Nesse caso, o jeito como falaram comigo gerou a raiva, mas a partir disso, o trabalho foi inteiramente feito por mim. Isso não defende a atitude do monge, mas me permitiu assumir a responsabilidade pela manutenção daquela raiva. Concentrar-me na grama molhada e nas minhas costas doloridas eram apenas formas de manter a raiva acesa, em vez de abrir mão dela. Em outro dia e com outro humor, eu provavelmente não teria ficado tão aborrecido. Mas, naquele dia, tenho certeza que mesmo se alguém tivesse falado que ganhei na loteria (não que nós jogássemos no monastério, claro), eu ainda teria achado um jeito de continuar com raiva. Abrir mão de emoções tão fortes nem sempre é fácil.

Levou uma hora para a minha mente se acalmar. Estranhamente, pareceu coincidir com o momento em que comecei a me concentrar menos nos pensamentos e mais na tarefa que tinha pela frente. E embora eu entenda que nem todo mundo gostaria de cortar a grama com uma tesoura de jardinagem, havia algo muito reconfortante nesse processo passado um tempo. Na verdade, ele virou uma meditação em si. Descobri que não havia motivo para ter pressa, não importava quantos dias eu levasse para terminar. E ao ser um pouco perfeccionista, havia algo bem legal em tentar "acertar ao máximo", e quanto menos eu me deixava levar pelos pensamentos, mais a raiva perdia o embalo. À medida que a raiva diminuía, eu pude ver com mais clareza o que estava acontecendo em minha mente. Comecei a desenvolver um pouco de perspectiva sobre tudo, o que deixou minha mente ainda mais calma. Virou um ciclo: calma levando à clareza que leva à calma, levando à clareza novamente. Em pouco tempo, eu estava rindo de mim mesmo, me perguntando o que meus amigos pensariam se pudessem me ver naquele momento. Não foi a primeira vez que fiz isso, devo dizer. Mas o mais importante é que minha mente tinha se acalmado e eu não sentia mais raiva.

A prática

A mesma rua

Nós frequentemente subestimamos o valor da clareza — eu, pelo menos, sempre fazia isso. Fiquei tão acostumado a viver com a mente confusa que não sabia se tinha clareza ou não (óbvio que eu não tinha). Eu continuava cometendo os mesmos erros — não importava quantas vezes a mesma situação surgisse em minha vida, eu reagia da mesma forma. Além disso, eu me metia em situações sem saber ao certo como cheguei nelas, muito menos como mudá-las, causando vários problemas para mim e para os outros. Eu me lembro de falar sobre isso com um professor tibetano no Nepal, quando eu tinha acabado de começar a meditar. Perguntei por que eu continuava a repetir os mesmos erros, considerando toda a meditação que estava fazendo na época. Ele começou a explicar:

— Imagine que você precise caminhar até o trabalho todos os dias. Todos os dias andando pela mesma rua, vendo as mesmas casas e as mesmas pessoas.

Eu imaginei a cena. Tive vários empregos em que fiz isso, então nem precisei de muita imaginação.

— No fim da rua há um buraco imenso. Talvez os trabalhadores tenham cavado para consertar os canos ou algo do tipo, mas ele é bem fundo, e seja porque os trabalhadores passavam muito tempo bebendo chá ou conversando, ele parece sempre estar lá.

O professor fez uma pausa para rir da imagem e continuou:

— Então, mesmo que você saiba que esse buraco imenso está lá, você desce a mesma rua e cai direto nele todos os dias. Você não quer fazer isso, mas está tão acostumado a seguir aquele caminho específico, realizando a mesma ação, que faz sem nem pensar.

O guia do Headspace para meditação e *mindfulness*

Embora eu não pudesse me identificar com isso em um nível externo (por que eu cairia no mesmo buraco todos os dias?), certamente relacionei a história ao meu mundo interior. Não sei você, mas isso refletia perfeitamente como eu sempre caía nas mesmas armadilhas emocionais e confusões mentais.

Ele continuou:

— Quando você começa a meditar, é como se acordasse e ficasse mais consciente do que está acontecendo ao seu redor. Quando você anda pela rua, vê o grande buraco na sua frente.

— Mas essa é a questão — respondi. — Eu tenho meditado muito, e mesmo que eu veja o buraco às vezes, não há nada que eu possa fazer para não cair nele toda hora.

O professor sorriu e continuou:

— Exatamente. Primeiro você apenas vê o buraco, mas o hábito de andar por aquela parte da rua é tão forte que você não consegue deixar de cair nele. Você sabe que é loucura e que vai doer, mas não consegue se controlar!

Ele estava rindo em voz alta. Apesar da minha angústia, eu precisava admitir que essa imagem era mesmo bem engraçada. Ele continuou:

— É assim que acontece com a sua mente. Você vê essas armadilhas, mas o hábito é tão forte que você não consegue deixar de cair. Mas — disse ele, fazendo uma pausa dramática — se você *continuar* meditando, vai começar a ver o buraco com muito mais antecedência e conseguirá tomar alguma ação evasiva. Primeiro você tenta passar pelas beiradas e acaba caindo de qualquer forma. Isso faz parte do processo. Mas, com o tempo e a prática, você vai vê-lo com tanta clareza que simplesmente vai desviar e continuar seu caminho. Assim, você vai chegar ao trabalho sentindo-se renovado. — Ele riu de novo. — E um belo dia você terá tanta clareza e estará tão acordado a ponto de perceber que nunca houve um buraco ali, mas essa é uma lição para outra hora.

Eu achei essa história útil para refletir. Ela resume o processo de meditação de várias formas. E é só isso, um processo. Não é só porque você tira alguns minutos para meditar todos os dias que vai dominar a mente de imediato e não cairá mais em seus velhos hábitos. Não significa que você não terá esses momentos de "eureca" às vezes, quando percebe o que está fazendo. Mas o processo provavelmente será gradual: todo dia você verá o buraco um pouco antes, com um pouco mais de clareza. Ao fazer isso, será possível evitar muitas das reações que costumam estressar você. É isso que significa ter consciência, ver a mente com clareza absoluta.

O TEATRO

Praticamente tudo o que fazemos na vida é julgado em termos de bom ou ruim, melhor ou pior. Mas quando se trata de meditação, não existe bom ou ruim, e há um bom motivo para isso. Outro jeito de descrever a meditação é usar a palavra "consciência". Se você não tem consciência, não está meditando *errado*: você não está meditando *de forma alguma!* Não importa se você está consciente de muitos pensamentos ou de nenhum, nem se você está consciente de sentimentos agradáveis ou desagradáveis. A habilidade consiste apenas em estar consciente, só isso. Um professor que tive costumava repetir isso como um mantra: "Se você está distraído, não é meditação. Só é meditação se você não estiver distraído. Não existe isso de meditação boa ou ruim, existe apenas meditação distraída ou sem distrações, consciente ou sem consciência." Na verdade, ele gostava de comparar a meditação a ir ao teatro.

Imagine que você está assistindo uma peça com vários atos. Seu único papel é sentar, relaxar e observar o desenrolar da história. Não é sua função dirigir a performance, nem entrar no palco e interferir na história que está sendo contada. Pode ser uma história de amor e romance, de ação e proezas ou de mistério e intrigas. Ou pode ter todos esses elementos. A peça pode ter um ritmo acelerado e deixar você sem fôlego, ou ter um ritmo bem lento, deixando você tranquilo e calmo. A questão é: não importa o que aconteça, seu único trabalho é assistir o desenrolar da peça. No início pode ser bem fácil, mas talvez a história aconteça devagar e você comece a ficar impaciente. Talvez você procure outras formas de se entreter ou comece a pensar no que precisa fazer no dia seguinte. Nesse momento, você não tem a menor consciência do que está acontecendo no palco. Essa é uma tendência comum ao aprender a meditar, então não seja duro consigo mesmo. Além disso, assim que você perceber sua mente divagando, basta voltar à peça imediatamente e continuar seguindo a história.

Às vezes a história pode ser particularmente desagradável. Nesses momentos, é muito difícil não se perder na peça. Talvez você até comece a pensar pelos atores no palco e fique tão envolvido nesses momentos que seja difícil resistir à tentação de gritar ou pular em defesa do ator. Ou pode ser uma história edificante que traz sentimentos prazerosos e reconfortantes. Nessas horas, você pode ver algo no ator ou atriz que sempre quis ter na vida. Ou talvez você veja algo similar a um antigo relacionamento,

A prática

e sua mente devaneie para lembranças do passado. Talvez você fique tão inspirado pela história que passe a planejar a melhor forma de chamar para sair a pessoa em quem você está de olho há cinco anos.

Meditar é como assistir essa peça. As imagens e vozes não são *você*, do mesmo jeito que a peça ou o filme não são *você*. É uma história cujo desenrolar você está observando, assistindo e testemunhando. É isso que significa estar consciente. A sua história, ou seja, sua própria vida, ainda vai exigir direção e compromisso, mas ao observar sua mente durante a meditação, sentar-se na plateia é, de longe, a melhor forma de assistir. E é desenvolvendo essa capacidade de observação passiva que você conseguirá vivenciar a clareza e confiança para tomar decisões, fazer mudanças e viver mais plenamente. Pense no céu azul, esse espaço que sempre esteve lá. Não é preciso criar a consciência, pois ela sempre está presente. Nós só precisamos nos lembrar de não esquecer.

Os amantes imaginários

Quando eu era monge noviço, fiquei em vários monastérios que geralmente eram fechados ao público, mas que de vez em quando abriam as portas para que leigos pudessem fazer retiros de meditação de uma semana. Os homens ficavam nos alojamentos dos monges e as mulheres viviam com as monjas, e todos os dias eles se reuniam para algumas sessões de meditação. Esses retiros eram sempre feitos em silêncio para dar ao participante o mínimo de distrações possível. Para algumas pessoas isso realmente ajudava, enquanto para outras era uma tortura passar uma semana inteira sem falar. À tarde, os participantes encontravam os monges e monjas que eram seus mentores para relatar como a meditação estava indo. Ao longo dos anos, eles começaram a reconhecer um padrão de comportamento que parecia se repetir nos visitantes. Nos momentos em que os homens e as mulheres se reuniam, os olhos inevitavelmente analisavam o ambiente ao redor, às vezes encontrando outro par de olhos curiosos no caminho. Isso geralmente acontecia no início da semana. Nesse momento, os dois não sabiam a importância dessa breve troca de olhares. O homem voltava para o seu quarto e começava a meditar. Em poucos segundos ele começava a pensar na mulher: "Ela definitivamente olhou para mim. Acho que tenho uma chance. Isso é perfeito, ela se interessa por meditação, então teríamos muitas coisas em comum. Assim que pudermos falar, vou convidá-la para sair." Ele já estava ansioso para a próxima troca de olhares.

Enquanto isso, no quarto das monjas, a mulher pensa: "Será que ele me viu? Ele gostou de mim? Seria tão bom estar em um relacionamento com alguém sensível o bastante para cuidar da própria mente." Nem dez minutos se passaram e a palavra "relacionamento" já havia surgido no diálogo interno! Esse padrão continuaria acontecendo ao longo da semana, com os dois trocando olhares furtivos e alimentando a projeção sobre esses olhares no resto do tempo. Todos nós já fizemos isso, certo? Não é exagero dizer que, ao final da semana, alguns casais haviam levado o pensamento tão longe que não só namoraram em suas mentes, como se casaram, consumaram o casamento, tiveram filhos e passaram tempo pensando onde morar depois da aposentadoria. Alguns até se divorciaram! Mesmo ao criar a própria história, eles escolheram incluir um pouco de dor e angústia. Apesar disso tudo,

A prática

eles nunca se falaram. Isso mostra como é fácil se envolver em todas as pequenas histórias, dramas, esperanças e medos da mente.

Parte do motivo de nos atrairmos com tanta facilidade por essas histórias é que estamos tão acostumados a *fazer* algo, estar *envolvidos* em algo que pode parecer um pouco entediante apenas ficar sentado observando a mente, ainda mais se os pensamentos forem mundanos. Nós criamos essas histórias para tentar deixar a situação interessante e fugir do tédio. Mas você já ficou tempo suficiente entediado para saber como realmente é? É apenas um pensamento ou uma sensação de querer estar em outro lugar ou fazer algo diferente? Se for o caso, então por que tratar esse pensamento ou sensação de modo diferente de todos os outros? Como você sabe, não é só porque temos um pensamento que precisamos reagir a ele ou agir de acordo com ele. Nós teríamos grandes problemas se sempre fizéssemos isso. Na verdade, temos a capacidade de não levar os pensamentos tão a sério, mas criamos limites para saber quando devemos fazer isso. Pense em quando você teve um pensamento tão radical que riu dele. Naquele momento, você o viu como realmente era: um pensamento doido, nada mais. E, por isso, você não deu muita importância e provavelmente abriu mão dele. Nós temos essa capacidade dentro de nós, basta se acostumar à sensação de assumir a posição de observador com mais frequência.

O homem que grita

Eu me lembro de ouvir uma história divertida sobre um homem que foi visitar um monastério budista no Reino Unido. Ele estava ansioso para experimentar a meditação e soube que era possível se juntar aos monges e monjas no templo para uma das sessões durante o dia. Então, após perguntar para algumas pessoas, indicaram a porta do templo e o deixaram procurar um lugar para se sentar. Todos os monges e monjas estavam sentados na frente da sala, e os leigos estavam logo atrás. Sem querer ficar lá no fundo, ele foi mais para o meio da sala. Um gongo alto soou quase que imediatamente e, ao olhar ao redor, o homem pensou que isso representava o começo da meditação. Após tentar se acomodar de modo confortável (ele não estava acostumado a ficar sentado no chão), ele fechou os olhos e começou. O homem sabia que deveria se concentrar na respiração e achava que precisava ter a mente vazia, mas não fazia ideia de como conseguiria isso. Na verdade, ele era bem parecido comigo quando comecei a meditar.

Para começar, ele ficou sentado muito tranquilamente e se esforçou para seguir a respiração. Mas não importava o quanto ele tentasse, sua mente devaneava, deixando-o cada vez mais ansioso, impaciente e frustrado. Depois de algum tempo, ele estava tão envolvido nesses pensamentos que, involuntariamente, tinha abandonado qualquer tentativa de se concentrar na respiração. Em vez disso, ele estava alimentando a frustração com pensamentos do tipo: "Essa meditação não funciona. Eu me sinto horrível. Eu estava bem quando cheguei aqui e agora estou péssimo, qual o objetivo disso? Sou péssimo em meditar. Claro, eu sou péssimo em tudo. Será que pelo menos uma coisa poderia dar certo na minha vida, para variar? Será que não posso ter uma hora para ficar sentado e apreciar o silêncio? Quanto tempo mais isso vai durar? Parece que estamos sentados aqui há uma eternidade. Era para durar apenas uma hora, mas parece

A prática

que já se passaram duas horas!" Ele continuou a pensar dessa forma, usando um pensamento para alimentar o próximo, aumentando a intensidade da frustração e dificultando cada vez mais o ato de ficar sentado e meditar.

O homem acabou chegando em seu limite. Ele não estava mais consciente da separação entre plateia e palco, e agora estava (metaforicamente falando) em pé na cadeira, correndo na direção do palco e criando o caos ao seu redor. Ele "se transformou" em seus pensamentos, pois estava desesperado, incapaz de se conter. Sem sequer perceber que estava fazendo isso, o homem pulou do seu lugar no meio do templo e gritou a plenos pulmões: "Eu não consigo mais fazer essa merda!" Em uma cruel ironia, isso foi seguido pelo gongo, marcando o final da sessão de uma hora de meditação.

Existem muitas lições valiosas nessa história, todas igualmente importantes. Primeiro, se você vai aprender uma habilidade nova, precisa das instruções certas. Não adianta pensar: "Bem, como pode ser difícil apenas ficar sentado observando a própria mente?" porque, como o homem da história demonstrou, se você não souber o jeito certo de observar a mente, pode ser muito difícil. A segunda lição é que, se você vai aprender a meditar, comece devagar. Não há nada de errado em tirar apenas dez minutos no início. Na verdade, esse é um tempo longo se você nunca fez nada do tipo. Do mesmo modo que o corpo precisa ser treinado para correr maratonas, a mente precisa ser treinada para se manter calma por longos períodos de tempo. A história também ilustra o perigo de esperar que a meditação termine. É uma experiência comum, como se pensássemos que estamos meditando apenas ao nos sentarmos sem nos mexer, independente do que estamos fazendo com a mente. Mas essa ideia latente de expectativa, de esperar que algo aconteça, é a mente olhando para o futuro em vez de se manter descansando no presente. Pense nisso: como sua mente pode descansar tranquilamente no presente se ela está correndo para encontrar um tempo e espaço no futuro?

TAKE10 — INTRODUÇÃO

Após passar um tempo procurando a melhor forma de abordar a meditação (e de evitar alguns dos erros mais comuns), parece adequado nos focar na técnica em si. Alguns aspectos desse exercício de dez minutos serão bem familiares, pois são parecidos com os exercícios curtos de dois minutos que você já fez. Embora você deva estar ansioso para começar a essa altura, eu recomendo fortemente que você leia a próxima seção inteira antes de fazer o Take10. A primeira página pode parecer ter todas as informações necessárias para começar, mas trata-se de um resumo, uma lista útil dos pontos principais a serem lembrados. É bom ter a lista por perto nas primeiras vezes que meditar, caso esqueça a ordem dos itens. Mas lembre-se: também é possível acessar a versão guiada baixando o aplicativo Headspace ou em headspace.com.

O que vem a seguir é o resumo de uma explicação mais detalhada das quatro seções. A primeira seção aborda as questões práticas e a preparação. A segunda fala sobre domar o cavalo selvagem, trazendo a mente para um lugar confortável e natural de repouso. Depois, vem uma breve seção na qual você vai se concentrar no movimento de sobe e desce da respiração,

A prática

liberando a mente enquanto relaxa e aprecia o silencio. Por fim, temos a parte em que você faz o esforço consciente para levar essa noção de presença e consciência para sua vida diária e os relacionamentos com as pessoas ao seu redor.

TAKE10 — RESUMO

Preparação:

1. Encontre um lugar onde você possa ficar confortavelmente sentado, mantendo a coluna reta.

2. Certifique-se de que você não será perturbado durante a meditação (desligue o celular).

3. Defina o timer para dez minutos.

Avaliação:

1. Respire profundamente cinco vezes, inspirando pelo nariz e expirando pela boca, depois feche os olhos lentamente.

2. Concentre-se na sensação do corpo na cadeira e dos pés no chão.

3. Observe o corpo inteiro e verifique quais partes estão confortáveis e relaxadas e quais estão desconfortáveis e tensas.

4. Perceba como você está se sentindo, isto é, em que tipo de humor você está agora.

Concentração:

1. Observe onde você sente a sensação de sobe e desce da respiração com mais força.

2. Observe cada respiração e seu ritmo — se é longa ou curta, profunda ou rasa, difícil ou tranquila.

3. Conte lentamente as respirações enquanto se concentra na sensação de sobe e desce: um para a subida e dois para a descida, contando até dez.

4. Repita este ciclo entre cinco e dez vezes ou pelo tempo que você tem disponível.

Final:

1. Abandone toda a concentração, permitindo que a mente fique agitada ou calma como quiser por uns vinte segundos.

2. Traga a mente de volta para a sensação do corpo na cadeira e dos pés no chão.

3. Abra os olhos devagar e levante-se quando estiver pronto.

TAKE10 — EXPLICAÇÃO

Preparação

Essa seção fala sobre se preparar para meditar do jeito certo. Você ficaria surpreso com a quantidade de pessoas que vivem correndo de um lado para o outro até que, do nada, decidem ficar sentados e de olhos fechados, esperando acalmar a mente. Como isso daria certo? Se a mente estiver agitada, vai levar mais tempo para ela se acalmar quando você tirar um tempo para a meditação.

Se for possível, comece a desacelerar uns cinco ou dez minutos antes de meditar para começar o exercício da forma certa. Se

A prática

estiver usando um timer, configure-o e garanta que você não será perturbado pelos próximos dez minutos. Embora seja melhor aprender a meditar sentado em uma cadeira com a coluna reta, talvez você prefira meditar deitado. A ideia pode parecer atraente, mas é bem mais difícil obter o equilíbrio certo entre concentração e relaxamento quando se está deitado, além do risco de acabar dormindo. Se você *realmente* escolher essa opção, deite em uma superfície firme com os braços e pernas esticadas. Você também pode colocar um travesseiro embaixo dos joelhos para aliviar a pressão na região lombar.

Avaliação

A próxima fase é para unir o corpo e a mente. Pense na frequência com que o seu corpo está fazendo uma coisa e sua mente está fazendo outra completamente diferente. Talvez você esteja andando pela rua, mas sua mente já está em casa, planejando o jantar ou se perguntando o que tem de bom na TV. É muito raro o corpo e a mente estarem juntos no mesmo lugar e ao mesmo tempo, então essa é uma oportunidade para se adaptar ao seu ambiente, de estar consciente do que você está fazendo e de onde está.

O ideal é que a "avaliação" leve uns cinco minutos. À medida que você se familiarizar com o processo e desenvolver sua habilidade, vai descobrir que não precisa gastar tanto tempo, mas é importante não apressar essa parte. Algumas pessoas abordam a avaliação como se fosse apenas uma preparação opcional, não parte do exercício em si. Eles podem pensar: "Certo, vamos tirar isso do caminho para poder fazer a meditação de verdade, focando na minha respiração e desacelerando essa mente doida." Mas a mente não funciona assim. Lembre-se da analogia do cavalo selvagem e a ideia de dar todo o espaço de que o animal precisa em vez de tentar prendê-lo em um lugar só logo de cara. A avaliação é uma questão de trazer o cavalo para um estado natural de tranquilidade.

Comece de olhos abertos. Não olhe para algo específico, e sim para frente, com calma e mantendo-se consciente da visão periférica — para cima, para baixo, para os lados. Depois, respire profundamente cinco vezes, inspirando pelo nariz e expirando pela boca. Ao inspirar, tente sentir os pulmões se enchendo de ar e o peito se expandindo. E, ao expirar, deixe o ar sair. Você não precisa fazer força para expirar, apenas solte o ar e imagine que está liberando toda a tensão ou estresse ao qual está se agarrando. Quando expirar pela quinta vez, você pode fechar os olhos calmamente. Então, permita que a respiração volte ao seu ritmo natural, entrando e saindo pelo nariz.

Ao fechar os olhos, você vai ganhar mais consciência das sensações físicas de imediato, principalmente do jeito em que está sentado. Os ombros estão curvados para frente? As mãos e os braços estão descansando totalmente sobre as pernas? Essa é uma boa oportunidade para ajustar esses detalhes antes de continuar com o exercício. Depois, concentre-se na sensação física da cadeira embaixo de você e a pressão que o corpo faz nela. Sinta o contato entre o corpo e a cadeira. Observe se o peso está igualmente distribuído no meio do corpo ou se existe uma pressão maior em um dos lados. Agora faça exatamente o mesmo com os pés, apenas notando a sensação entre as solas dos pés e o chão. Onde o ponto de contato é mais forte? No calcanhar, no dedão, na parte interna ou externa do pé? Faça uma pausa pelo tempo necessário para ter bastante clareza quanto à sensação. Por fim, repita esse processo com as mãos e braços. Sinta o peso

A prática

da gravidade, o peso dos braços apoiados sobre as pernas, e o contato das mãos com as pernas. Você não precisa *fazer* nada em relação a isso, basta estar consciente. Concentre-se em cada sensação e lembre-se de aplicar a ideia de curiosidade gentil.

Durante esse processo, muitos pensamentos surgirão na sua cabeça. É perfeitamente normal e você não precisa fazer nada para mudar isso. Afinal, são apenas pensamentos. Pense na analogia da estrada. A ideia não é tentar parar os pensamentos, mas dar um passo para trás e permitir que eles venham e vão, enquanto você mantém uma consciência total. Além disso, estamos prestando atenção nas sensações físicas nessa parte, em vez dos pensamentos ou emoções, então você pode simplesmente permitir que eles fiquem indo e vindo como pano de fundo em sua mente.

Tire um momento para prestar atenção nos sons. Eles podem estar muito perto de você, em outro cômodo ou até fora do prédio. Pode ser o som de carros passando, de pessoas conversando ou de um aparelho de ar condicionado. Não importa quais os tipos de sons, basta testemunhá-los indo e vindo. Às vezes você pode ficar "envolvido" em um som, prestando atenção em uma conversa, por exemplo. Isso é bastante normal e, na verdade, assim que se você perceber envolvido com um som específico, vai começar a notar todos os outros novamente. Se você mora em uma cidade movimentada, os sons externos são geralmente vistos como obstáculos à meditação, algo que atrapalha a busca pela mente calma. Mas não precisa ser assim. É melhor se você puder ficar sentado em um local silencioso nas primeiras tentativas, mas ao fazer o esforço consciente de reconhecer os sons em vez de resistir a eles, algo muito interessante começa a acontecer. Você pode repetir esse processo com os outros sentidos, se quiser, apenas percebendo qualquer cheiro forte ou até um gosto que possa ter na boca. Assim, a mente se torna completamente envolvida com os sentidos físicos.

O próximo passo consiste em definir um quadro de como o corpo *se sente*. Comece traçando um panorama sobre as áreas de tensão ou relaxamento. Não estamos tentando mudar os sentimentos no momento, apenas definir um quadro. A primeira análise pode levar apenas dez segundos. É como se você estivesse observando uma casa apenas pelo lado de fora. Mas, depois, é preciso entrar na casa e obter mais detalhes sobre a condição do prédio. Para fazer isso, tire trinta segundos ou mais para inspecionar seu corpo (do alto da cabeça até os dedos dos pés), observando como as diferentes partes se sentem. O que está confortável e o que está desconfortável? Onde estão as áreas de tensão e de relaxamento? Ao fazer isso, é tentador se concentrar apenas nas áreas de tensão. Na verdade, às vezes pode até parecer que não há nada *além* de tensão! Mas tente trabalhar sistematicamente o máximo que puder, inspecionando seu corpo e observando tanto o conforto quanto o desconforto. Não se esqueça de perceber os dedos das mãos, dos pés e os ouvidos. Como eles estão?

Durante essa inspeção, você pode perceber melhor seus pensamentos e sentimentos, mesmo que não esteja se concentrando especificamente neles. Apenas permita que eles fiquem indo e vindo como pano de fundo. Assim que você perceber que se distraiu e a mente se perdeu em devaneios, traga a atenção de volta calmamente para a inspeção do corpo, voltando ao lugar de onde parou. Isso é normal e provavelmente vai acontecer muitas outras vezes, então não se preocupe. Se você perceber uma emoção particularmente forte na mente, pode ser útil apenas reconhecê-la.

A prática

No geral, estamos tão envolvidos em nossos pensamentos e tão ocupados com as atividades do dia a dia que não temos consciência de como nos sentimos emocionalmente. Pode não parecer tão importante, mas se você conhecer seus sentimentos, estará em posição de reagir a eles. Por outro lado, se você não tiver consciência deles, provavelmente vai se pegar reagindo impulsivamente em algum momento do dia. Todos nós já vimos uma dona de casa ou homem de negócios gentil, aparentemente equilibrado, esperando calmamente na fila do supermercado e, de repente, perdendo o controle. Talvez alguém tenha esbarrado nela ou nele com o carrinho ou o cartão de crédito tenha sido recusado no caixa. Fatos que em outro dia não teriam importância, ganham dimensão e acabam em algum tipo de acesso de raiva por conta de um sentimento subjacente.

As pessoas costumam dizer que não fazem ideia de como se sentem, e também não há problema algum nisso. Ter a consciência de que você não faz a menor ideia ainda é ter consciência, e quanto mais vezes você repetir o processo de avaliação, maior será o seu conhecimento dos sentimentos ou humores latentes. As emoções são tratadas da mesma forma que as sensações físicas nesse exercício. Não importa se é uma emoção tida como agradável, desagradável, confortável ou desconfortável. Para os fins desse exercício, nenhuma análise ou julgamento é exigido. Basta apenas observar o sentimento, reconhecê-lo e ter consciência dele.

Por fim, embora não seja necessário, você poderá achar útil fazer um rápido reconhecimento (entre cinco a dez segundos) das questões particulares em sua vida. Pode ser que você esteja empolgado com um evento futuro ou ansioso por conta de uma reunião que acabou de acontecer. Talvez você esteja com raiva de uma conversa que teve com alguém ou feliz em relação a um elogio que acabou de receber. Seja o que for, reconheça-as e tenha consciência delas. Se essas questões estiverem ocupando muito espaço em sua mente nos últimos dias, é quase inevitável que elas surjam em alguma etapa do exercício. Ao ter clareza em relação a isso no começo, você vai definir uma estrutura na qual esses pensamentos podem aparecer e sumir, sem se envolver com eles novamente.

Como eu já disse, o processo inteiro de avaliação deve levar uns cinco minutos, e se você tiver apenas cinco minutos disponíveis, faça apenas essa parte do exercício — *esse* é o nível de importância dela. Sem passar por esse processo, há poucos benefícios em pular para a próxima fase e se concentrar na respiração. Então certifique-se de tirar um tempo para fazer essa seção. Embora a avaliação faça parte da meditação em si, ela também pode ser útil em várias outras situações. Você pode usá-la enquanto estiver no ônibus, sentado em sua mesa de trabalho ou até de pé em uma fila. Talvez seja melhor disfarçar um pouco as respirações profundas e, se estiver em pé, fechar os olhos não é recomendável. Fora isso, você pode fazer o exercício da mesma forma e ainda obter a mesma experiência e sensação de acalmar a mente.

Focando na respiração

Depois de trazer o "cavalo" ao seu estado natural de tranquilidade, ele pode continuar inquieto por mais um tempo ou começar a ficar entediado. Então precisamos dar a ele algo no qual se concentrar. Como já disse, a respiração é um dos objetos mais fáceis e flexíveis de usar, então, nesse exercício, ela será o foco primário.

A prática

Comece tirando um momento (cerca de trinta segundos) para observar a respiração, concentrando-se especificamente na sensação de sobe e desce que ocorre quando a respiração entra e sai do corpo. A princípio, apenas observe em qual parte do corpo você percebe essa sensação com mais força. Pode ser no abdômen, na região do diafragma, no peito ou até nos ombros. Não importa onde você a sinta com mais clareza, apenas tire um tempo para perceber a sensação física da respiração subindo e descendo. Se a respiração estiver muito leve e difícil de detectar, pode ser útil, e até reconfortante, colocar a mão no abdômen, logo abaixo do umbigo. Você poderá sentir facilmente a movimentação no abdômen à medida que sua mão se mexe para frente e para trás. Depois, você pode voltar a descansar as mãos em seu colo antes de continuar o exercício.

Como a respiração e a mente estão intimamente conectadas, talvez você não esteja feliz com o local da respiração. Isso pode parecer estranho para alguns de vocês, mas é um fenômeno bem comum, na verdade. As pessoas frequentemente reclamam que não estão "respirando direito", e que só conseguem sentir o movimento da respiração no peito. Mesmo assim, alegam terem lido livros e feito aulas de yoga onde foram orientadas a respirar profundamente pelo abdômen. À primeira vista isso faz sentido, já que naturalmente associamos os momentos em que estamos bem relaxados (sonolentos no sofá ou deitados na banheira, por exemplo) com respirações longas e lentas que parecem vir do abdômen. Da mesma forma, associamos momentos de ansiedade ou preocupação com respirações curtas e leves, aparentemente vindas do peito. Se você estiver sentado e sentir a respiração similar à respiração de ansiedade, é natural pensar que está fazendo algo errado. Mas definitivamente não é o caso.

O guia do Headspace para meditação e *mindfulness*

Lembre-se: existe apenas o consciente e o não consciente, sem distrações e distraído — não existe respiração ruim ou errada no contexto deste exercício. Claro que existem exercícios específicos de respiração que podem fazer parte da yoga ou de outra tradição, mas esse exercício não é para isso.

Se você estiver lendo este livro, eu suponho que você respirou perfeitamente bem até este ponto da sua vida. Na verdade, a menos que tenha feito exercícios de relaxamento ou yoga, aposto que na maior parte do tempo você nem tem consciência de como está respirando. A respiração é autônoma, ela não precisa que a controlemos para funcionar. Quando a deixamos agir em sua inteligência natural, ela costuma funcionar de modo bastante confortável. Então, em vez de tentar controlá-la (percebeu um tema recorrente?), permita que o corpo faça seu trabalho. Ele vai se regular em seu próprio tempo e do seu próprio jeito. Às vezes, a respiração pode parecer mais óbvia em um local e depois mudar ao longo da observação. Em outras ocasiões, ela vai ficar parada o tempo todo, seja na barriga, no peito ou algum lugar pelo meio do caminho. O seu único trabalho será observar, perceber e ter consciência do que o corpo está fazendo naturalmente.

Em seguida, sem se esforçar para tentar mudar o local da respiração, concentre-se nesse movimento físico, na sensação de sobe e desce. Ao fazer isso, você vai começar a notar lentamente o ritmo da respiração. Como ela está? Rápida ou lenta? Tire alguns segundos antes de tentar responder. A respiração é profunda ou leve? Você também pode observar se sente a respiração difícil ou fácil, curta ou longa, morna ou fria. As perguntas podem parecer estranhas, mas elas seguem a mesma ideia de aplicar a curiosidade gentil à meditação. Esse processo deve levar apenas trinta segundos.

A prática

Depois de entender como essas sensações aparecem no corpo, concentre-se na respiração à medida que ela vem e vai. O jeito mais fácil de fazer isso é contá-las (silenciosamente) enquanto acontecem. Ao perceber a sensação de subida, conte um, e ao notar a sensação de descida, conte dois. Continue contando até chegar no dez. Quando conseguir, volte ao um e repita o exercício. Parece mais fácil do que realmente é. Se você for como eu no início, vai descobrir que só consegue contar até três ou quatro antes da mente devanear, pensando em algo mais interessante. Você também pode se pegar contando até 62, 63, 64... e perceber que se esqueceu de parar no dez. Ambos são muito comuns e fazem parte do processo de aprender a meditar.

Quando você perceber que está distraído e a mente se perdeu em devaneios, você não está mais distraído. Então, tudo o que você precisa fazer é se concentrar novamente na sensação física da respiração e continuar a contagem. Se você conseguir lembrar em que número estava, continue a partir dele. Se não conseguir, basta recomeçar do um. Não há prêmios para quem chega até o dez (desculpe dizer isso) e, portanto, não importa se você recomeçar do um. Na verdade, pode ser bem engraçado como é difícil chegar até o dez, e tudo bem rir se você tiver vontade. A meditação costuma ser muito sisuda e pode ser tentador começar a tratá-la como um "trabalho sério". Mas quanto mais você trouxer o senso de humor e uma ideia de brincadeira, mais fácil e prazeroso será o processo.

Continue a contar dessa forma até o timer avisar que a sessão acabou, mas não pule da cadeira ainda. Temos uma parte muito importante para fazer.

Final

Essa parte costuma ser deixada de lado, mas é um dos aspectos mais importantes do exercício. Quando você terminar de contar, deixe a mente livre. Não tente controlá-la de forma alguma. Isso significa não se concentrar na respiração, na contagem, em nada. Se sua mente quiser ficar agitada, deixe. Se ela quiser ficar calma e sem pensamentos, deixe. Isso não exige qualquer esforço, controle ou censura, apenas deixe a mente ficar totalmente livre. Eu me pergunto se essa ideia é maravilha ou uma proposta assustadora para você. De qualquer forma, deixe a mente livre por uns dez ou vinte segundos antes de encerrar a meditação. Ao fazer isso, você pode notar que existem menos pensamentos agora do que no momento em estava tentando se concentrar na respiração e se perguntar: "Como isso pode acontecer?" Se você pensar no exemplo do garanhão que ainda não foi domado, ele fica mais confortável e tranquilo quando tem um pouco de espaço. Nesse caso, ele não causa tantos problemas. Mas quando a corda está apertada demais, ele tende a dar coices. Então, se você conseguir trazer um pouco desse espaço para a parte da técnica que se concentra na respiração, terá muito mais benefícios com a meditação.

Após deixar a mente devanear um pouco, concentre-se lentamente nas sensações físicas do corpo. Isso significa trazer a mente para os sentidos. Observe mais uma vez o contato firme do corpo e a cadeira embaixo de você, entre as solas dos pés e o chão e entre as mãos e as pernas. Tire um momento para perceber quaisquer sons, cheiros ou gostos fortes, voltando aos sentidos bem devagar, através do contato e da consciência de cada um deles. Isso tem o efeito de trazer você de volta ao ambiente em que está sentado. Abra os olhos devagar, readaptando-se e retomando a concentração e a consciência do espaço ao redor. Em seguida, levante-se da cadeira bem devagar com a intenção de levar essa consciência e presença para a próxima parte do seu dia. Tenha clareza em relação ao que vai fazer e para onde vai depois, porque isso ajudará a manter essa consciência. Talvez seja ir à cozinha preparar um chá ou voltar ao escritório para sentar diante do computador. O importante é ter clareza mental suficiente para continuar a vivenciar cada momento, um após o outro, com total consciência.

O QUE AS PESQUISAS MOSTRAM

1 A meditação muda o cérebro

Pesquisadores da Universidade de Montreal investigaram a diferença nas respostas cerebrais de pessoas que meditam e não meditam quando sentem dor. Os cientistas descobriram que as áreas do cérebro que regulam a dor e a emoção estavam significativamente mais espessas naqueles que meditam, comparado àqueles que não meditam. A descoberta é importante porque quanto mais espessa a região, menor é a sensibilidade a dor. Esse potencial para mudanças no cérebro é conhecido como neuroplasticidade. Isso significa que ao meditar, você não só está mudando sua perspectiva como também pode mudar a estrutura física do cérebro.

2 O *mindfulness* melhora a qualidade de vida

Em um estudo clínico randomizado controlado, pesquisadores descobriram que a abordagem baseada em *mindfulness* era mais eficaz que os medicamentos para prevenir a reincidência de depressão. Obviamente existem situações que exigem o uso de medicação, mas esse estudo é uma leitura interessante. Em apenas seis meses, 75% dos praticantes de *mindfulness* descontinuaram totalmente os medicamentos. Os pesquisadores também descobriram que eles tinham menos probabilidade de recaída. Além disso, eles também sentiram uma "melhora na qualidade de vida", comparado aos pacientes que tomavam medicamentos.

3 A meditação pode melhorar a pele

Um professor da Escola de Medicina da Universidade de Massachusetts fez um estudo para confirmar se a meditação influenciaria a cura da psoríase, doença de pele tratável que tem forte relação com estresse psicológico. Com implicações bem claras para outras doenças de pele ligadas ao estresse, eles descobriram que a pele dos praticantes de meditação melhorou quatro vezes mais rápido que a dos não praticantes.

4 O *mindfulness* alivia a ansiedade e a depressão

Em uma análise ampla de 39 estudos, pesquisadores da Universidade de Boston examinaram a eficácia da técnica *mindfulness* no tratamento da ansiedade e depressão em pacientes que sofriam de outras doenças. Eles descobriram que a meditação teve um efeito significativo nos sintomas de uma vasta gama de doenças. Os pesquisadores concluíram que os benefícios são amplos, afinal, os praticantes da meditação aprendem a lidar melhor com as dificuldades em geral e, portanto, vivenciam menos estresse ao longo da vida.

A prática

5 A meditação pode aumentar a chance de concepção

Um estudo recente da Universidade de Oxford investigou o impacto do estresse em 274 mulheres saudáveis com idade entre 18 e 40 anos, e descobriu que o estresse pode reduzir as chances de concepção. O chefe da equipe de pesquisa sugeriu que técnicas como a meditação poderiam ser fundamentais para combater a queda na fertilidade.

CAPÍTULO TRÊS

A INTEGRAÇÃO

Eu sempre achei que a meditação era para ser feita sentado e de olhos fechados. Então foi um choque e tanto quando, em um dos meus primeiros monastérios, fui apresentado não só às diversas maneiras de meditar de pernas cruzadas, como também às técnicas para meditar andando, em pé e até deitado. Se você for parecido comigo, já deve estar pensando: "Ah, sim, meditar deitado é o meu estilo!" — mas sinto muito dizer que não é tão simples assim. Embora ainda seja possível obter uma série de benefícios ao meditar deitado, a prática será muito mais eficiente se você aprender a fazê-la sentado e com a coluna reta em uma cadeira. Essas quatro posturas de meditação não foram feitas para escolhermos nosso modo preferido de meditar, mas para fornecer uma introdução ao *mindfulness*. Se você voltar à introdução deste livro, *mindfulness* significa apenas estar presente e sem distrações no momento, em vez de estar perdido em pensamentos e envolvido nas emoções. Ao aprender a *meditar* nas quatro posturas (se você pensar bem, nós sempre estamos em uma delas ou transitando de uma para outra), nós aprendemos a ter *mindfulness* em todas.

Pode ser tentador pensar: "Sim, mas aposto que meditar sentado vai fazer a mágica acontecer de verdade." Então, para te dar uma ideia de como as outras posturas são consideradas importantes no treinamento geral da meditação, vou citar o exemplo da agenda diária em um determinado monastério.

Nós acordávamos às 2h45 e começávamos a meditar às 3h. Tomávamos o café da manhã às 5h e almoçávamos às 11h, e depois havia uma breve pausa para o chá da tarde (na tradição desse monastério budista e na maioria dos outros, nós só comíamos de novo no dia seguinte, então não havia pausa para o jantar à noite). Por fim, íamos dormir por volta das 23h. Você provavelmente já fez as contas, mas isso totalizava 18 horas de meditação formal por dia. Dessas 18 horas, *metade* era dedicada a meditar andando e em pé, e a outra metade era dedicada a meditar sentado, alternando as posturas a cada sessão. *Essa* é a importância delas.

Quanto à meditação horizontal, ela infelizmente foi ensinada apenas para facilitar o sono (ou para quando estávamos doentes demais para meditar sentados com a coluna reta). O objetivo de dormir dessa forma é manter um pouco de consciência ao longo da noite, desde que você esteja deitado na posição adequada e tenha a atitude mental certa. Na verdade, havia tanta ênfase nisso que a primeira pergunta que o professor fazia todos os dias era:

— Você acordou inspirando ou expirando esta manhã?

Eu costumava responder dando de ombros. Experimente fazer isso, não é tão simples como parece. Mas, com um pouco de prática, você vai se surpreender com a rapidez com a qual é possível ter consciência desses detalhes.

A integração

Eu me lembro perfeitamente do primeiro momento em que percebi o significado de ter atenção plena no corpo dessa forma. Como frequentemente acontece com a meditação, não foi durante a prática formal, mas depois, quando eu estava caminhando pela rua. Até então eu havia entendido o conceito de *mindfulness*, mas não conhecia o verdadeiro potencial dela. Eu estava andando pela rua, como sempre fazia, mas aplicando as instruções para meditar caminhando (que você encontrará mais adiante neste livro), quando, de repente, me dei conta que estava cem por cento presente no processo de caminhar, concentrado na sensação física em si, sem ter qualquer pensamento. Se eu estava totalmente presente em uma atividade, não poderia estar presente em outra ao mesmo tempo. Então, sem tentar ignorar ou resistir aos pensamentos, eles diminuíam de forma natural enquanto minha mente se concentrava em outro lugar.

À primeira vista, essa descoberta talvez não pareça tão extraordinária para você. Na verdade, pode até parecer bem óbvia. Mas se fosse tão óbvio assim, nós certamente faríamos isso o tempo todo, já que é quando nos envolvemos com todos os pensamentos que começamos a ficar estressados. Foi ali que eu percebi que a mente só pode estar em um lugar de cada vez. Claro, às vezes ela se move tão rápido de um pensamento para o outro que dá a impressão de estar em mais de um lugar ao mesmo tempo, mas isso é apenas uma ilusão. A realidade era a seguinte: ao colocar cem por cento da atenção na sensação física de andar, minha mente não se perdia mais em pensamentos. Eu fiquei bastante empolgado com essa ideia, imaginando como a minha vida nova seria maravilhosa, sempre vivendo no presente, sem jamais me distrair com os pensamentos. Na verdade, eu me deixei levar tanto por essa ideia que, em poucos minutos, perdi toda a noção de consciência e fiquei completamente perdido nos pensamentos de novo! Como já mencionei, é melhor pensar nessa percepção como gotas de água enchendo um balde, em vez de um raio que pode transformar sua vida instantaneamente.

MINDFULNESS EM AÇÃO

Embora o *mindfulness* exija um esforço consistente, assim como na meditação, trata-se de um esforço *fácil*. O esforço consiste apenas em se lembrar de observar quando você se envolveu em pensamentos ou sentimentos e, naquele momento, redirecionar a atenção para algo específico. Não importa se esse ponto de foco seja o gosto da comida que você está ingerindo, o movimento do seu braço ao abrir e fechar uma porta, o peso do seu corpo contra a cadeira embaixo de você, a sensação da água na pele durante um banho de chuveiro, o som das batidas do seu coração enquanto você faz exercícios físicos, a sensação física do toque entre você e seu bebê, o cheiro da sua pasta de dentes enquanto você os escova ou até o simples ato de beber um copo d'água. A consciência pode ser aplicada a tudo o que você faz, sem exceções. Ela pode ser aplicada tanto a atividades passivas quanto dinâmicas, em lugares fechados ou ao ar livre, no trabalho ou nos momentos de lazer, sozinho ou acompanhado.

Se você é novo na prática *mindfulness*, isso pode parecer confuso no início. As pessoas sempre me perguntam se isso significa que elas precisam andar pela rua de olhos fechados e observando a respiração. Primeiramente: por favor, não faça isso! Você vai acabar sendo atropelado. Em segundo lugar, estamos falando de *mindfulness* geral, não da prática específica de meditação, então

A integração

não é preciso fechar os olhos e se concentrar na respiração. Repetindo: *mindfulness* significa atenção plena, ou sejam estar presente e ter consciência do que você está fazendo e de onde está. Não é preciso agir de modo diferente do normal, basta estar consciente. E o jeito mais fácil de fazer isso é tendo um ponto de foco. Sempre que você perceber sua mente se perdendo em devaneios, redirecione a atenção para o ponto de foco original.

Um dos meus exemplos favoritos é escovar os dentes. É uma atividade familiar, com um ponto focal muito óbvio, e como dura poucos minutos, há uma grande chance de você conseguir manter uma noção de consciência ao longo do processo. Claro, essa forma é diferente do jeito que a maioria das pessoas costuma escovar os dentes, que é o mais rápido possível enquanto pensam na próxima tarefa do dia. É preciso vivenciar a diferença entre os dois cenários para entendê-la. Tente, veja como se sente. É provável que você ache mais fácil ter consciência de um dos sentidos físicos e usá-lo como ponto de foco. Pode ser o som da escova contra os dentes, a sensação do braço se movendo para frente e para trás, ou o gosto e o cheiro da pasta de dentes. Ao se concentrar em apenas um desses objetos por vez, a mente vai ficar um pouco mais calma. E, nessa calma, é possível observar a tendência a se perder em pensamentos ou se apressar para fazer a próxima atividade. Ou você pode notar que se esforçou muito ou pouco no processo de escovação. Talvez você até perceba uma sensação de tédio. Mas todas essas observações serão úteis de alguma forma, porque elas te mostram como a sua mente realmente é. Essa maior consciência é a diferença entre ter a mente estável, calma e concentrada ou fora de controle. Vejamos o exemplo de beber um copo d'água. Em vez de apenas engolir o líquido o mais rápido possível, preste atenção na experiência.

O guia do Headspace para meditação e *mindfulness*

Sério, quando foi a última vez que você realmente *sentiu o gosto* de um copo d'água? Ao pegar o copo, você pode perceber a temperatura e a textura, o movimento da mão em direção à boca ou o gosto e a textura da água quando ela entra na boca. Se você realmente estiver ouvindo o corpo, poderá até acompanhar a água descendo pela garganta rumo ao estômago. E se você perceber sua mente se perdendo em qualquer uma dessas etapas, basta trazer a atenção de volta ao processo de beber água.

O que você vai notar quando aplicar essa abordagem a várias situações é um efeito reconfortante na mente. Você não só estará presente para vivenciar tudo o que faz (literalmente aproveitando a vida ao máximo), como também terá muita calma. E, com a calma, vem a clareza. Você começa a ver como e por que pensa e sente do jeito que costuma pensar e sentir. Percebe os padrões e tendências da mente. E tudo isso te devolve a escolha sobre o seu jeito de viver. Em vez de ser levado por pensamentos e emoções prejudiciais ou improdutivos, você pode reagir do jeito que realmente gostaria.

Outra pergunta comum é como esse processo funciona com outras pessoas presentes. Não seria mal-educado se concentrar em outras coisas estando acompanhado? Essa dúvida sempre me faz rir, porque sugere que normalmente nos concentramos tanto nas palavras, sentimentos e sensibilidades alheias que seria impossível se concentrar em algo diferente. Não preciso dizer que isso raramente acontece. No geral, estamos tão distraídos com os nossos pensamentos que nem ouvimos o que a outra pessoa está dizendo. Digamos que você esteja andando pela rua e conversando com um amigo. Embora andar seja um ato relativamente autônomo, será preciso aplicar um pouco de consciência para não esbarrar em outras pessoas, andar na

A integração

frente dos carros, entre outras coisas. Entre esses momentos de consciência, é fácil redirecionar a atenção para ouvir e interagir com seu amigo. Isso não significa que você esteja dando menos atenção a ele, mas sim que sua atenção está mudando de lugar conforme o necessário — nesse caso, indo do ambiente físico ao seu redor para ouvir e falar com seu amigo. A consciência dos pensamentos e sentimentos que passam não será tão refinada como seria durante a meditação — pelo menos não no começo, mas o importante é aplicar a *intenção* da consciência. Quanto mais você fizer isso, mais fácil e aprimorado será o processo. Ao focar sua atenção, na verdade você está "de volta na sala" com a outra pessoa ou pessoas. Uma paciente da clínica disse que, ao usar a técnica com seu bebê, ela agora se sentia realmente convivendo com ele. Antes, mesmo cuidando do filho, sua mente estava sempre em outro lugar. Mas ao focar sua atenção, ela passou a estar presente para viver a experiência. As implicações disso para todos os nossos relacionamentos são imensas. Imagine ter alguém dando total atenção a você, e pense em como seria retribuir esse favor.

O monge sem tempo

A beleza do *mindfulness* é que você não precisa ter tempo extra no seu dia para praticá-la. *Mindfulness* significa treinar a mente para estar presente na ação em vez de se perder em pensamentos. Isso responde quem diz estar ocupado demais para treinar a mente. Há muito tempo, ouvi a história de um professor de meditação norte-americano que estudou para ser monge na Tailândia. Ele foi para lá entre os anos 1960 e 1970, junto com vários outros que seguiram a estrada hippie pela Ásia na época. Durante a viagem, ele se interessou cada vez mais pela meditação e decidiu que gostaria de estudá-la em tempo integral. Após procurar um dos professores mais renomados da Tailândia, ele passou a morar no monastério e começou os estudos até ser ordenado monge. Era um treinamento muito rígido e o dia se alternava entre períodos de meditação formal e trabalho. Eles meditavam em torno de oito horas por dia.

Se você nunca morou em um monastério ou fez um retiro, oito horas devem parecer tempo demais. Mas no contexto desses centros de treinamento, é até pouco. Claro que o resto do tempo também era usado para treinar a mente, mas na forma de *mindfulness*, aplicando a consciência às tarefas do dia a dia. Por ser uma rota de viagem bem conhecida na Ásia naquela época, outros ocidentais visitaram o monastério durante sua estadia. Muitos ficavam apenas algumas semanas e depois seguiam viagem. Mas durante seu tempo no monastério, eles inevitavelmente acabavam conversando com os ocidentais que viviam lá. Em uma dessas conversas, o homem soube que nos monastérios da vizinha Birmânia, os residentes faziam mais de 18 horas de meditação formal por dia. Muito empolgado e querendo avançar em sua meditação, ele pensou seriamente em se mudar. Mas ele estava dividido porque o professor com quem estudava era muito conhecido e respeitado.

Alguns meses se passaram enquanto o futuro monge cogitava ir embora. Se o objetivo era a iluminação, então ele certamente teria mais oportunidades meditando 18 horas por dia em um dos monastérios birmaneses. Naquele momento, ele cumpria tantas funções — limpeza, coletar lenha, costurar túnicas dos monges, entre outras — que acreditava não ter tempo para meditar. Além disso, ele tinha dificuldade nos treinamentos e suspeitava que o trabalho impedia seu progresso. Após um tempo, o homem foi

A integração

procurar o professor para dizer que iria embora. Ele secretamente esperava ser reconhecido por sua dedicação e devoção e receber a oportunidade de fazer outras sessões de meditação ali mesmo, mas o professor apenas assentiu calmamente diante da notícia.

Irado com a reação aparentemente indiferente do professor, o homem ficou perplexo e perguntou:

— Mas você não quer saber *por que* estou indo embora?

— Pode contar — respondeu o professor com muita calma, ainda impassível diante do visitante.

— É porque não temos tempo para meditar aqui. Aparentemente, eles meditam 18 horas por dia na Birmânia, enquanto nós não passamos das oito horas diárias. Como posso progredir se estou cozinhando, limpando e costurando o dia inteiro? Não há tempo aqui!

O professor olhou para ele bem sério, mas com um sorriso no rosto, e perguntou:

— Você alega não ter tempo para o *mindfulness*? Está dizendo que não tem tempo para ficar consciente?

O homem estava tão envolvido no próprio diálogo interno que não entendeu a pergunta e respondeu:

— Exatamente. Estamos tão ocupados trabalhando que não temos tempo de estar presentes.

O professor riu.

— Então — continuou ele — você alega não haver tempo para estar consciente da ação de varrer enquanto varre o pátio? E nem para estar consciente do ato de passar roupa enquanto passa as túnicas dos monges? O objetivo de treinar a mente é ganhar essa consciência. Você tem a mesma quantidade de tempo para fazer isso, seja quando está sentado e meditando no templo de olhos fechados ou varrendo o pátio de olhos abertos!

O homem ficou calado, percebendo como havia entendido errado o treinamento da mente. Como tantas pessoas, incluindo eu, ele pensou que só era possível treinar a mente enquanto estivesse meditando sentado e totalmente imóvel. Mas o treinamento é muito mais flexível que isso. A prática do *mindfulness* ensina a usar a mesma qualidade mental em tudo o que fazemos. Não importa se levamos uma vida fisicamente ativa ou sedentária, o tempo para estar consciente enquanto se pedala pela rua ou sentado dentro de casa é o mesmo. E também não importa o tipo de emprego que temos. Todos nós seguimos o mesmo relógio de 24 horas, então temos a mesma quantidade de tempo para treinar a consciência. Não importa se estamos conscientes dos nossos sentidos físicos, das emoções, dos pensamentos ou do conteúdo desses pensamentos, tudo é uma questão de consciência, e sempre há tempo para estar consciente.

LIGAR OS PONTOS DURANTE O DIA

Você se lembra daqueles desenhos de ligar os pontos no jardim da infância? Aqueles que mostravam uma imagem feita com vários pontinhos? Eles eram tão próximos uns dos outros que bastava segui-los com o lápis para sentirmos que criamos uma obra-prima. A ideia de ligar os pontos é um jeito simples de demonstrar como o *mindfulness* pode ser muito mais do que apenas um exercício isolado de meditação feito uma vez ao dia. Pegue uma folha de papel em branco e tente desenhar uma linha reta bem devagar ao longo da página. Mesmo se você tiver um olho muito bom, meu palpite é que vai haver pelo menos algumas tremidas pelo caminho. Se você não tiver a mão firme,

A integração

as tremidas podem ser ainda maiores. Digamos que essa linha simboliza a continuidade da sua consciência ao longo do dia. Quando você está consciente, tende a ter mais calma, foco e direção. E lembre-se: mesmo que você não esteja necessariamente vivenciando uma emoção agradável, ainda terá um pouco de espaço entre as emoções, uma perspectiva maior e um pouco de estabilidade emocional. Porém, assim como a linha que você desenhou na página, essa ideia de continuidade de consciência tem altos e baixos para a maioria das pessoas.

Talvez você acorde feliz da vida, pensando que é sábado ou domingo. Mas depois você percebe que é um dia útil e fica muito triste. Você levanta, tropeça no gato, xinga em voz alta e vai até o banheiro. Depois do café da manhã, você se anima um pouco e começa a pensar que talvez o dia não seja tão ruim. Mas, ao sair de casa, você recebe um e-mail do seu chefe pedindo para trabalhar até mais tarde e pensa: "Sempre sobra para mim, é claro." Você sai batendo a porta e resmungando. Quando chega ao trabalho e percebe que todos terão que trabalhar até mais tarde, você se sente um pouco melhor. Então você percebe que há um grande bolo em cima da mesa. Você sorri e é assolado por uma onda de desejo e conclui: "Deve ser aniversário de alguém. Vou me acabar de tanto comer." Depois, pensa um pouco mais a respeito. Você começou uma dieta há pouco tempo e está indo tão bem, será que é uma boa ideia comer esse bolo? Por outro lado, você também está tentando ser mais gentil consigo mesmo, então talvez deva comer o bolo, *sim*. Você está confuso. Você quer o bolo, mas não quer o bolo. E assim você passa o seu dia, sempre envolvido nos altos e baixos de tudo o que acontece ao seu redor. O único fator imutável é que seus pensamentos ditam os seus sentimentos. Quando não há consciência, o pensamento toma conta.

O guia do Headspace para meditação e *mindfulness*

Tente pensar nisso de outra forma. Imagine que a folha de papel tenha vários pontinhos pequenos que vão de um canto ao outro. Todos eles estão bem próximos. Agora tente desenhar a mesma linha reta. Acredito que tenha ficado muito mais fácil. Você só precisa se concentrar em ir de um ponto ao outro. Não é mais necessário pensar em chegar ao outro lado da folha, basta percorrer alguns milímetros até chegar ao próximo ponto. De repente, não é mais tão difícil assim desenhar uma linha reta. E se continuarmos a analogia da linha representando a sua consciência (e, portanto, sua estabilidade emocional) ao longo do dia, então essa é, obviamente, uma ótima notícia.

Em vez de praticar o *mindfulness* apenas durante dez minutos de meditação matinal (e depois tentar sobreviver às próximas 23 horas e 50 minutos do seu dia até meditar de novo), tente pensar no *mindfulness* como algo que pode ser aplicado ao longo do dia. Lembre-se: *mindfulness* significa apenas dar toda a sua atenção ao que você está fazendo, seja o que for. Assim, não será mais possível pensar no lugar onde você preferia estar, no que preferia estar fazendo ou desejar que tudo fosse diferente (os tipos de pensamento que costumam ser estressantes) porque você vai estar presente no que estiver fazendo.

Então, em vez de ficar de mau humor ao perceber que é um dia de semana, você percebe a sua reação diante disso e observa como o sentimento vem e vai. Ao tropeçar no gato, em vez de xingar em voz alta e culpar seu amigo felino, você se abaixa para ver se ele está bem, concentrando-se no bem-estar dele em vez de focar nas suas frustrações internas. Ao esquecer-se da frustração nesse simples ato de altruísmo, você recomeça o dia e vai de uma atividade para outra com objetivo, foco e consciência.

A integração

O HOMEM DISTRAÍDO

A ideia de estar consciente e desperto para todos os novos momentos pode ser muito empolgante. É muito fácil viver no piloto automático, vendo os dias e anos passarem rapidamente. Um paciente veio me ver na clínica há algum tempo. Ele não tinha sido encaminhado pelo clínico geral nem estava sofrendo de alguma doença mental. Ele veio porque estava se sentindo desconectado do mundo ao seu redor e cada vez mais envolvido em pensamentos sobre o trabalho, sem saber o que fazer. Isso não estava afetando só o jeito que ele se sentia internamente, mas também estava começando a afetar seu relacionamento com outras pessoas. Sua esposa estava indignada, porque o marido nunca ouvia o que ela falava (o que ele confirmava ser verdade) e seus filhos sempre reclamavam da ausência dele. Na verdade, segundo uma das crianças, mesmo quando ele *estava* presente, era como se sua mente estivesse em outro lugar. Esse comentário foi a gota d'água. Ele ficou magoado por ouvir isso de um dos seus próprios filhos. Compreensivelmente, ele ficou muito abalado e temia que se não fizesse algo para mudar essa situação, teria consequências muito graves para sua família.

Nas primeiras semanas, nós trabalhamos juntos para estabelecer uma base sólida para o *mindfulness*, com foco na meditação, tirando dez minutos por dia para permitir que a mente se acalmasse. Primeiro ele teve dificuldades com a ideia.

— Eu já estou achando difícil encontrar tempo para a minha família, como eu posso tirar ainda *mais* tempo para mim? Isso não é egoísmo demais?

Esse é um ponto de vista comum, mas se você pensar bem, não é assim que funciona. Eu expliquei:

— O que você está fazendo é treinar sua mente para estar presente de verdade para os outros. Como você pode ser feliz e se sentir conectado aos outros se está sempre envolvido nos seus próprios pensamentos? Então, ao contrário de tirar algo da sua família, você dará algo a eles: um marido e um pai melhor, que estará sempre presente.

Não demorou mais de uma semana para que ele sentisse essa conexão de modo bem direto e tangível. Na verdade, o homem voltou na semana seguinte com um grande sorriso no rosto e comentou, orgulhoso:

— Passei a semana inteira sem gritar com as crianças!

Quando chegamos na terceira semana, eu estava ansioso para apresentá-lo à técnica de meditar caminhando. Não o tipo formal, que costuma ser feito muito lentamente, mas no sentido de ter atenção plena quando estiver na rua, andando normalmente. Esse costuma ser o ponto em que "cai a ficha" do *mindfulness*, quando as pessoas começam a perceber que treinar a mente é muito mais do que ficar sentado de olhos fechados. Após darmos a volta no quarteirão algumas vezes enquanto eu explicava a técnica, eu o mandei fazer um breve exercício sozinho. A primeira parte do exercício foi feita em ruas bem tranquilas, onde ficava mais fácil se concentrar. Já a segunda se passava em uma estrada bem movimentada, com vários carros e pedestres. Dez minutos depois, ele voltou à clínica dizendo:

— Moro nessa esquina há quinze anos e ando por essa mesma rua quase todos os dias, mas essa foi a primeira vez que eu realmente *vi* a rua. Sei que isso parece ridículo, mas é verdade. Foi a primeira vez que notei a cor das casas, os carros nas garagens, o cheiro das flores, o som dos pássaros.

Mas o que ele disse a seguir realmente me impressionou. Com um tom de arrependimento sincero, ele comentou:

— Onde eu *estive* a minha vida inteira?

Quantos de nós vivemos dessa forma? Movidos por lembranças do passado e planos para o futuro. Tão preocupados com nossos próprios pensamentos que não temos consciência alguma do que está acontecendo agora, desatentos à vida que se desenrola ao nosso redor. O presente parece tão comum que não o valorizamos, embora seja isso que o torne *extraordinário* — o fato de que é muito raro vivermos o momento exatamente como ele é. E, diferente de tudo na vida, você não precisa ir a outro lugar ou fazer algo para criar isso. Ele está bem aqui, não importa o que você faça. Está no ato de comer um sanduíche, beber uma xícara de chá, lavar a louça... Nas atividades comuns e cotidianas. É isso que significa *mindfulness*: estar presente, estar consciente.

O MONGE MALABARISTA

Eu não podia fazer muitas atividades quando era monge. Sim, obviamente não podia fazer *aquilo*, mas havia outras proibições também. Isso não é um problema quando se vive em um monastério, porque o dia é estruturado de tal forma que você está sempre envolvido com meditação ou algum tipo de trabalho. Então não é como se você ficasse sentado pensando no que faria caso não fosse monge. Além disso, todos ao seu redor fazem as mesmas atividades, impossibilitando comparar a sua vida com a dos outros. Mas viver como monge fora do monastério significa perder toda aquela estrutura, e a vida fica um pouco mais complicada. Na verdade, acaba sendo muito mais importante se envolver em outras atividades igualmente sadias, digamos assim. Meu apartamento em Moscou era muito antigo, construído na época do Império Soviético. No meu primeiro inverno lá, antes que eu aprendesse a arte do revestimento duplo com jornais e papel celofane, uma espessa camada de gelo ocupou a parte interna das janelas. O papel de parede estava solto em alguns pontos e pedaços de metal saltavam do teto de concreto. Mas a localização do apartamento à beira de um grande lago na região noroeste da cidade, famosa pelo ar limpo e praias arenosas, compensava tudo isso.

Obviamente não era adequado tomar banho de sol sendo um monge, mas, nos meses quentes de verão, eu costumava descer até o parque perto do lago para fazer malabarismo. Eu consigo ouvir você dizendo: "O quê? Quer dizer que não era apropriado tomar banho de sol, mas tudo bem fazer malabarismos igual a um palhaço?" Bem, sim e não. Certamente era apropriado buscar um jeito prazeroso de relaxar longe da prática formal de meditação e, para mim, esse jeito era fazendo malabarismo. Eu poderia passar os dias no meu apartamento meditando o tempo todo, mas a necessidade de fazer alguma atividade física de vez em quando era supreendentemente forte. Então eu fazia malabarismo com frequência, por várias horas. Descobri que o ato de fazer malabarismo equivalia perfeitamente ao meu modo de meditar, virando um reflexo externo do que acontecia dentro de mim. Se minha mente estivesse muito fechada e concentrada, o malabarismo não fluía. Por outro lado, se minha mente estivesse solta demais e sem concentração suficiente, eu deixava as bolinhas caírem. Trabalhar com esse equilíbrio entre foco e relaxamento refletia o equilíbrio interno desenvolvido

A integração

através da meditação, de alguma forma. Acho que a maioria das pessoas descreveria isso como estar "focado". Você sem dúvida já vivenciou isso em algum momento, talvez praticando um esporte, pintando um quadro, preparando uma refeição ou fazendo alguma outra atividade.

Um dia eu estava equilibrando cinco bolinhas. Se você já fez malabarismo, sabe que cada bolinha adicionada leva um pouco mais de tempo para dominar. Por exemplo, se você aprende a fazer malabarismo com três bolinhas em uma semana, poderá levar um mês inteiro para equilibrar quatro bolinhas, e talvez seis meses para aprender o malabarismo com cinco. Naquela época, eu estava há uns bons meses tentando dominar as cinco bolinhas, e geralmente conseguia manter todas no ar. Mas não era bonito de se ver. Eu ainda estava com a mente a mil, me esforçando freneticamente para corrigir a subida e descida de cada bolinha. É preciso estar genuinamente relaxado e calmo para as bolinhas fluírem com suavidade e de modo uniforme. Aí, um belo dia, eu me esqueci de tentar. Por mais estranho que pareça, eu simplesmente esqueci. Estava momentaneamente pensando em outra coisa antes de começar a fazer o malabarismo e, por isso, não havia o esforço, expectativa e antecipação usuais do que estava por vir. Eu simplesmente joguei as bolinhas para o alto e fiz o malabarismo. O resultado foi algo extraordinário e não ficaria muito longe do filme *Matrix*: uma distorção total do tempo como eu conhecia. Claro, já fiz sessões de meditação em que cinquenta minutos pareceram cinco, e outras (bem mais frequentes) em que cinco minutos pareceram cinquenta, mas nunca tinha visto isso de modo tão evidente em uma atividade cotidiana (se é que você pode chamar o malabarismo de atividade cotidiana). Naquele momento, eu tinha todo o tempo do mundo. Era como se as bolinhas estivessem paradas no ar. Eu tinha tempo de olhar para cada uma delas e pensar como eu moveria essa um pouquinho para a esquerda e aquela um pouquinho para a direita. Era como se alguém tivesse apertado o botão de câmera lenta, algo extraordinário. Quando parei de apressar minha mente, tentando ir de uma bolinha para a outra e controlar todos os detalhes, uma quantidade inexplicável de tempo e espaço surgiu. Pode ser algo a se pensar, considerando o jeito que passamos a vida correndo. Não significa que você não pode fazer algo com rapidez e ter sua atenção focada naquilo — só significa que o corpo se mover com rapidez e a mente estar com pressa são fatos bem diferentes.

O iogue paciente

Parece adequado terminar essa seção com uma história que ouvi de um dos meus professores enquanto estudava para ser monge. À primeira vista, ela não parece ter algo a ver com nosso cotidiano, mas, na verdade, diz muito sobre o espírito do *mindfulness*, como ela pode ser usada e com quanta facilidade sua essência pode ser perdida. A história envolve um iogue tibetano que estava fazendo um tipo especial de técnica de meditação para desenvolver a paciência. Um iogue impaciente? Sério? Bem, sim, a impaciência é universal. Não importa se você é um pai ou mãe lutando contra as noites insones do seu recém-nascido, se é um trabalhador esperando o trem para chegar no trabalho ou se é um iogue sentado no alto da montanha buscando a iluminação: todos perdemos a paciência em algum momento.

Ao ficar cada vez mais consciente de sua impaciência, o iogue procurou seu professor e foi orientado a fazer uma técnica de meditação bem específica. Ele foi até as montanhas a fim de encon-

A integração

trar uma caverna para viver enquanto praticava. Se você está se perguntando como ele iria sobreviver sozinho nas montanhas, saiba que existe um sistema de suporte incrível por lá, em que moradores do vilarejo local transportam suprimentos básicos para a montanha de tempos em tempos. Assim, o iogue ou a ioguine (como a praticante do sexo feminino é conhecida), pode ficar longe das distrações em potencial, mas perto o bastante para receber ajuda de outras pessoas. Bem, esse iogue encontrou uma bela caverna e logo se dedicou à tarefa de descobrir sua paciência interior, cuja existência foi garantida pelo professor. Vários meses se passaram e o iogue continuava a meditar. Os moradores do vilarejo ficaram realmente impressionados.

Pouco tempo depois, um professor visitante chegou ao vilarejo. Ele era muito conhecido e respeitado pelos moradores locais, que estavam ansiosos para falar de "um deles" que praticava diligentemente a meditação em uma caverna nas montanhas. O professor ficou intrigado e perguntou se poderia visitar o iogue. Primeiro disseram que seria impossível, porque ele estava em um retiro isolado. Mas como o professor era muito insistente e respeitado, os moradores acabaram indicando a direção da caverna. Quando ele finalmente chegou até lá e retomou o fôlego, deu uma olhada e procurou o iogue na escuridão. Ao vê-lo meditando sentado, ele tossiu um pouco, só para avisar que estava ali. O iogue não se moveu. O professor tossiu um pouco mais alto, e o iogue abriu um dos olhos para ver quem era. Sem reconhecer o visitante, fechou de novo sem dizer uma palavra sequer. O professor não sabia o que fazer. Ele não queria perturbar o iogue, mas, ao mesmo tempo, estava ansioso para saber mais sobre essa prática de paciência.

Então, em seguida, o professor tossiu ainda mais alto e disse:

— Com licença. Desculpe incomodar, mas eu poderia ter um minuto do seu tempo, por favor?

O iogue continuou mudo, embora parecesse um pouco abalado com a intrusão. O professor repetiu o pedido. O iogue arregalou os olhos e finalmente disse:

— Você não está vendo que estou tentando meditar? Estou tentando terminar uma prática muito importante sobre paciência.

O professor respondeu:

— Eu sei, é sobre isso que eu gostaria de conversar.

O iogue inspirou profundamente e deu um grande suspiro.

— Por favor, me deixe em paz. Não quero falar com você.

Ele fechou os olhos e voltou à meditação. Sem se deixar abalar, o professor continuou tentando conversar:

— Mas eu queria falar exatamente sobre isso. Ouvi dizer que você fez muito progresso com essa prática e estou ansioso para ouvir a sua experiência.

Àquela altura, o iogue estava prestes a explodir. Ele tinha subido toda a montanha para fugir das distrações e agora precisava lidar com aquele homem. Então o iogue disse em termos bem claros para onde o professor deveria ir, e apenas parte da frase envolvia descer a montanha.

O professor saiu da caverna por alguns minutos e resolveu fazer uma última tentativa. Chamando o iogue, ele disse:

— Diga, o que você aprendeu sobre paciência com a sua meditação?

Incapaz de continuar se contendo, o iogue pulou da almofada, catou umas pedras no chão e começou a jogá-las no homem que estava na entrada da caverna. Àquela altura, ele gritava a plenos pulmões:

— Como posso treinar minha paciência se você me interrompe o tempo todo?

A integração

Furioso, o iogue continuou jogando pedras até expulsar o visitante indesejado. Quando finalmente as pedras acabaram, o professor olhou para trás e fez o comentário final:

— Bem, posso ver que a meditação sobre a paciência está indo muito bem — disse ele, com um sorriso no rosto.

A meditação é, sem dúvida, um marco vital para a prática do *mindfulness*. Praticar o *mindfulness* no dia a dia sem tirar dez minutos diários para meditar é mais ou menos como tentar construir a fundação de uma casa usando cascalho solto. Vai funcionar, mas não será tão estável como se fosse construído em uma base sólida nem de longe. Contudo, o inverso também é verdadeiro. De que serve a meditação se você não mudar seu jeito de sentir e agir na vida? Lembre-se: o objetivo de obter mais clareza mental é deixar a sua vida e a das pessoas ao redor mais confortável. Não adianta ficar tranquilo e calmo se for perder a paciência com a primeira pessoa que encontrar pelo caminho. Tente pensar na meditação como a plataforma a partir da qual você vai funcionar nas próximas 24 horas. Essa noção de calma permitirá que você reaja com maestria a todas as situações, desde que consiga manter a consciência. Mas se você ficar tão envolvido em sua história a ponto de perder toda a consciência, talvez você reaja de modo tão impulsivo quanto o iogue.

EXERCÍCIOS DE *MINDFULNESS* PARA O DIA A DIA

Embora ficar sentado praticando uma técnica de meditação por dez minutos ou mais todos os dias seja maravilhoso, o conceito de *mindfulness* realmente ganha vida quando você passa a aplicá-lo ao seu cotidiano. Nesta parte do livro, reuni alguns dos meus exercícios favoritos de *mindfulness* para o dia a dia. Entre eles estão se alimentar, caminhar, fazer exercícios físicos e dormir com a atenção focada. Conforme expliquei anteriormente, embora ir direto para a técnica no final de cada seção seja tentador, estes exercícios vão muito além de uma simples lista de instruções. As orientações e a história de cada atividade ensinam os detalhes da técnica, além de demonstrar todo o potencial dela.

CLAREZA MENTAL DURANTE A ALIMENTAÇÃO

Com qual frequência você realmente *sente o gosto* do que está comendo? A maioria das pessoas tende a prestar atenção nas primeiras mordidas, só para garantir que está comendo o que planejou, e depois fica semiconsciente. Não estou falando de um estado semi*comatoso*, e sim de se envolver em outras atividades, como pensar, por exemplo. Como não é particularmente complicado mover o garfo para dentro e fora do prato ou levar um sanduíche da mão para a boca, nós desenvolvemos a capacidade de fazer essa tarefa sem pensar, do mesmo jeito que fazemos quando estamos andando.

Para quem gosta de fazer várias tarefas ao mesmo tempo, isso é realização de um sonho. Podemos comer enquanto lemos o jornal, trabalhamos no computador, falamos no celular ou pensamos nos planos para a noite ou fim de semana. Também costuma acontecer à noite, quando chegamos tarde do trabalho e estamos cansados, já pensando em levantar cedo na manhã seguinte ou em colocar as crianças para dormir. O resultado é uma refeição preparada e consumida no menor tempo possível. Isso quando não compramos algo em um *fast-food* no caminho para casa e terminamos antes mesmo de colocar a chave na porta. Não estou dizendo que isso é errado. Este livro não foi escrito para dizer *o que*, *como* e *onde* você deve comer. Essas decisões cabem a você. Mas eu gostaria de explicar brevemente o quanto o *mindfulness* e a meditação podem ser aplicadas ao simples ato de se alimentar, trazendo alguns benefícios extraordinários.

O MONASTÉRIO CINCO ESTRELAS

Diferentemente das refeições apressadas feitas pela a maioria de nós, as refeições no monastério eram, no geral, momentos serenos e majestosos, com poucas e notáveis exceções. Quando você não tem muito em que se concentrar, o alimento ganha uma importância extraordinária, assim como outras atividades simples como beber uma xícara de chá ou tomar um banho quente. Tudo isso é descrito como "prazeres sensoriais" na tradição monástica, e normalmente somos aconselhados a não nos entregar demais a eles. Os prazeres sensoriais eram vistos como atividades extras para treinar *mindfulness* em vez de luxos aos quais você se permite. Contudo, não preciso dizer que esse jeito de viver é muito específico do monastério e você não deve, em hipótese alguma, se sentir obrigado a negar os prazeres simples da vida para obter todos os benefícios da meditação.

Um dos monastérios ocidentais onde morei (o que tinha os muros altos, de novo) tinha uma abordagem muito particular em relação à comida e todo o resto. No meu primeiro dia lá, eles me pediram para fazer uma lista de todos os meus alimentos e bebidas favoritas. Eu pensei: "Nossa, isso é incrível. Parece um monastério cinco estrelas." Também me pediram para fazer uma lista de todos os alimentos e bebidas dos quais eu não gostava. Mais uma vez, pensei: "Que gentileza da parte deles." Os monges até faziam três refeições por dia, incluindo um jantar à noite. Parecia que eu tinha me mudado para o Four Seasons dos monastérios budistas. Então imagine a minha decepção quando o jantar servido continha vários alimentos que eu não gostava. Na verdade, quando analisei melhor o prato, ele parecia conter *todos* os itens da lista. Será que houve algum tipo de erro ou mal-entendido? Talvez eu tenha misturado as duas listas.

Mas não houve erro algum. O motivo dessas perguntas era evitar que nos entregássemos ao prazer dos nossos alimentos prediletos. Também era para garantir que tivéssemos, abre aspas: "a oportunidade de examinar a experiência de não gostar." Como se a comida não fosse ruim o suficiente, era servido um café depois. Para mim, café é uma questão de "ame ou odeie", e eu realmente estava no time dos que não gostavam. Ele tinha um cheiro ótimo, claro, mas o gosto era horrível e eu detestava a inquietação que sentia depois de bebê-lo. Mesmo assim, os monges me serviam uma caneca cheia poucas horas antes de dormir. Além de sentir náuseas enquanto bebia, eu ficava completamente "ligado" a noite inteira. E, como eu logo descobri, isso se repetiria com frequência durante a minha estadia. Acho que meus motivos para escalar aquele muro depois de alguns meses estão ficando mais óbvios. Mas havia um lado engraçado nisso tudo. Como eu não queria virar uma baleia, comendo três refeições por dia sem fazer nada além de ficar sentado e meditando, eu coloquei alimentos como chocolate, biscoitos

A integração

e bolo na lista dos que não gosto, pensando que seria um jeito fácil de garantir uma dieta saudável. Mal sabia eu que todos esses alimentos eram obrigatórios para mim, então eu ganhava chocolate e bolo no fim de cada refeição noturna, o que deixava os outros monges bastante chateados.

Embora essa abordagem possa parecer radical, até então eu nunca tinha parado para pensar por que eu gostava de certos alimentos e não gostava de outros. Eu sempre imaginei que "era assim e pronto". A oportunidade de conhecer melhor o processo foi definitivamente benéfica e, para minha surpresa, passei a comer vários alimentos dos quais nunca gostei. Depois que superei a resistência inicial e todo o diálogo interno sobre isso, descobri que a *experiência* direta dos alimentos era bem diferente da *ideia* que eu tinha deles. Da mesma forma, alimentos que eu antes apreciava como ideia, mas não eram tão bons para mim, deixaram de ser uma obsessão. Quando o desejo diminuiu e eu passei a prestar mais atenção em como eu me sentia depois de consumir determinados alimentos, eles subitamente deixaram de ser tão apetitosos, pelo menos nas quantidades que eu consumia anteriormente.

Por isso, talvez não surpreenda que a "alimentação com *mindfulness*" seja considerada a próxima dieta milagrosa. O *mindfulness* pode mudar completamente o seu relacionamento com a comida (incluindo as suas escolhas alimentares, a quantidade e o jeito que você a ingere), mas pensar nela puramente como a próxima sensação para emagrecer não faz justiça ao *mindfulness*. Digo isso porque existe o perigo de confundir a *atenção plena* como caminho para a felicidade e o *emagrecimento* como caminho para a felicidade. São dois caminhos bem diferentes, sendo que o último não oferece uma sensação duradoura de realização ou clareza mental. Contudo, desenvolver uma relação saudável com a comida é ótimo, e se você perder um pouco do peso excessivo por ter mais atenção plena em relação à comida, será maravilhoso. Voltamos à mesma ideia de ter mais perspectiva e o espaço necessário para reagir com maestria em vez de agir impulsivamente.

Conheci pouquíssimas pessoas completamente confortáveis com a alimentação, sem preocupação alguma em relação ao que comem. A maioria das pessoas com quem converso diz que costuma sentir culpa por conta de seus hábitos alimentares, alegando sempre existir uma lacuna entre o que "desejam" comer e o que "deveriam" comer. Esse com certeza era o meu caso. Antes de estudar para ser monge, eu era fanático por comida. Nessa época, eu competia na ginástica olímpica e treinava muito, e era completamente obcecado pela vida fitness. Eu planejava cada grama das minhas refeições para a semana, pesando a quantidade certa de comida para cada prato. Eu evitava tudo o que poderia ser remotamente prazeroso para a maioria das pessoas, mesmo quando saía para comer fora. Se o desejo por algo doce aparecesse, eu o mandava de volta para onde ele veio. Eu estava tão obcecado que ligava para o restaurante aonde iria para pedir algo especial com antecedência (omelete de clara de ovo, alguém?). Havia pouquíssimo *mindfulness* nesse jeito radical de viver. O radicalismo dificilmente será um estilo de vida saudável, não importa em qual lado da balança ele esteja. Então, quando fui para o monastério, aprendi muito sobre o apego emocional que tinha aos meus hábitos alimentares. Existem várias anedotas para ilustrar isso, mas a que destaca nosso relacionamento emocional com a comida é a que ficou conhecida como "a história do sorvete".

A integração

A história do sorvete

As refeições no monastério birmanês eram momentos solenes. Verdade seja dita, era um monastério silencioso, então não havia tanto o que dizer. Além disso, as refeições eram sessões formais de meditação. Nós sentávamos no chão, em volta de grandes mesas redondas com outros seis monges. Era um monastério bem grande, com mais de oitenta monges, então a sala de jantar era bem grande. Havia monjas também, mas elas ficavam do outro lado da sala de jantar, separadas de nós por telas grandes e aparentemente intransponíveis. O resto do salão era bem aberto, o que significava que tínhamos vista para os jardins do monastério. Era um lugar muito agradável de ficar.

Não importava se era café da manhã ou almoço, a comida era sempre a mesma: curry e arroz. O curry era espesso e oleoso (ruim para a digestão), mas sempre teve um gosto bom. Uma tigela e uma colher nos esperavam na mesa e dois monges vinham em seguida para servir o arroz e o curry. Após a leitura de um ou dois versos curtos dos textos tradicionais, um gongo soava e tínhamos uma hora para comer. Quando digo uma hora, era uma hora mesmo — nem mais, nem menos. Nesse monastério específico, tudo era feito *muito* lentamente. Podíamos levar até vinte segundos para tirar o arroz do prato e levá-lo até a boca, que dirá comê-lo. Havia um bom motivo para isso, é claro, pois nos permitia examinar o funcionamento da mente muito detalhadamente. Mas era lento, muito, muito lento. Na hora do café da manhã, eu geralmente estava com bastante fome e mergulhava na comida sem pensar muito. Então eu sentia a mão no meu ombro. Era o mestre de disciplina, cujo trabalho consistia em garantir que todos se comportassem de modo propício ao treinamento e adequado para um monge. Eu tive muito contato com o mestre de disciplina durante a minha estadia.

O guia do Headspace para meditação e *mindfulness*

Em alguns dias do ano, na Birmânia, integrantes da comunidade local recebiam folga do trabalho paras meditar no monastério. Não sei se eles eram praticantes empolgados da meditação ou se estavam apenas felizes pela folga, mas muita gente aparecia nessas ocasiões e frequentemente traziam comida para doar para a cozinha do monastério. Podiam ser sacos de arroz, vegetais ou até carne e peixe. Um dia, um homem trazendo vários recipientes grandes e brilhantes, como tambores de óleo, chegou. Eu não fazia ideia do que havia ali dentro, mas não era comum um leigo entrar na sala de jantar durante as refeições. Havia outra diferença naquele dia também. As tigelas e colheres que geralmente nos esperavam na mesa não estavam lá. Eu vi os dois monges que geralmente distribuíam a comida abrindo caminho pelo nosso lado da sala de jantar, mas em vez de carregar as panelas de arroz e curry, eles distribuíam pratos bem pequenos contendo algo amarelo. Como garçons ocupados em um restaurante, eles se moviam rapidamente, entrando e saindo da cozinha e distribuindo essas tigelinhas. E pelo o que eu conseguia ver através dos pequenos vãos na tela no meio do salão, o mesmo se repetia do outro lado da sala.

Eu subitamente percebi o que era. Os monges estavam distribuindo sorvete! Antes que eu me empolgue, faça uma pausa e imagine como seria comer o mesmo arroz com curry todos os dias, sem nunca ter algo diferente. Agora imagine que alguém sirva uma tigela de sorvete para você. Bem animado, certo? Bom, eu estava muito animado e, por mais ridículo que pareça, senti uma onda de entusiasmo correr pelo meu corpo. Eu parecia uma criança em uma festa de aniversário na hora de cortar o bolo. As tigelas eram distribuídas uma a uma a cada monge e monja. Eu olhei para o sorvete. Era um dia de verão,

A integração

mais de quarenta graus... O tempo estava passando, mas é claro que ninguém podia comer até soar o gongo. Eu fiquei impaciente muito rápido, e minha preocupação com a longevidade do sorvete excedia o que era apropriado para qualquer ser humano sentir em relação a uma bola gelada de creme e açúcar. Claro que não havia algo de errado ou mesmo incomum na minha reação, mas seria justo dizer que meu nível de desejo e vontade àquela altura estava gigante.

Foi quando eu vi o que estava atrasando o processo. Os dois monges que colocaram o sorvete na nossa frente agora voltavam para colocar as tigelas e colheres normais na mesa. Eu comecei a falar para mim mesmo: "Tudo bem, as tigelas estão vazias, isso não vai levar muito tempo, o sorvete vai durar." Mas quando eles finalmente chegaram na nossa mesa, consegui ver que estavam empurrando as tigelas de sorvete para o meio da mesa e colocando a tigela e colher vazias na frente dela. Logo atrás, outros dois monges andavam pelo salão com panelas de arroz e curry, enchendo as tigelas. Então eu percebi o que estava acontecendo: teríamos que comer o curry antes do sorvete. Na privacidade do meu lar e sem restrições de velocidade eu teria arriscado, mas não aqui, não no monastério. Eu demoraria quase uma hora para comer o arroz com curry, e sem dúvida o mestre de disciplina iria garantir que isso acontecesse.

Senti um surto de raiva, seguido de muitos pensamentos furiosos. "Isso é ridículo! É uma tortura! Que desperdício de comida! Pensei que o budismo pregava a gentileza, mas não há nada de gentil nisso! E o homem simpático que gastou seu dinheiro nesse sorvete, eles pensaram em como ele se sentiria?" Alguns dos meus pensamentos foram além enquanto eu movia o garfo mecanicamente e em câmera lenta para dentro e fora do

O guia do Headspace para meditação e *mindfulness*

prato, olhando ansiosamente para a bola de sorvete que derretia. Eu não tinha clareza mental e muito menos consciência. Longe de ter a atenção focada, eu estava inteiramente perdido em meus pensamentos. Na verdade, eu estava tão absorto a ponto de nem sequer perceber que eu estava com raiva simplesmente pelo fato de não ter conseguido o que eu desejava. Acho que podemos chamar isso de apego: querer tanto alguma coisa que, quando você não a consegue, você resiste e sente dificuldade de aceitar. Bem, eu estava tendo uma dificuldade enorme de aceitar, sem dúvida alguma.

O engraçado é que geralmente as pessoas ficam furiosas por mim quando conto essa história. Mas lembre-se: eu estava no monastério por vontade própria e poderia levantar e ir embora quando quisesse. Eu participava voluntariamente de tudo aquilo e sentia que tinha algo a aprender com essas experiências. É só que, às vezes, eu ficava tão envolvido em meus pensamentos e sentimentos que temporariamente esquecia de ter consciência desse simples fato. Repito: essa abordagem é específica para o treinamento monástico e você não precisa se torturar com sorvete derretendo para extrair o máximo da sua meditação. Várias outras situações vão acontecer naturalmente na sua vida para testar a estabilidade da sua consciência e compaixão.

Após um tempo pensando e me sentindo dessa forma, o embalo da raiva começou a diminuir e foi substituído por uma onda de tristeza e culpa. Eu me sentia triste por ter caído em todos esses pensamentos raivosos e culpado pelo lugar e pelas pessoas a quem foram direcionados. O sentimento continuou por mais um tempo, acompanhado de pensamentos que refletiam esse humor passageiro. Por fim, a bola de sorvete perdeu a

A integração

batalha contra o sol do meio-dia e tudo o que restou na tigela foi uma poça de gosma amarela, grudenta e morna. Quando olhei para ela, achei difícil pensar por que fiquei tão transtornado. Ou tão empolgado. Ela não parecia nem um pouco apetitosa agora. Com esses pensamentos, uma onda de aceitação que pareceu transformar inteiramente o meu humor veio. O apego emocional ao sorvete (o fato de ser comida era secundário) tinha sido tão forte que me levou a perder toda a noção de consciência. E essa perda de consciência não só resultou em uma conversa mental infinita, exaustiva e fútil, como também me deixou com a sensação de ter percorrido uma montanha-russa emocional de onde não consegui sair.

Esse pode ser um exemplo radical, mas destaca uma experiência comum em relação aos alimentos: a sensação de estarmos tão envolvidos nos sentimentos ou na conversa mental constante que perdemos o controle das nossas escolhas e ações. Você já se viu na metade de uma barra de chocolate ou de um pacote de batatas fritas e pensou: "Por que estou comendo isso?" Sem perceber que talvez nem estejamos com fome, seguimos, sem pensar, cada impulso que surge. O fato de que geralmente estamos distraídos por outras atividades ao mesmo tempo também não ajuda. Na verdade, só torna mais provável que continuemos perdidos nesse mundo de pensamentos. Eu sei que parece antiquado, mas quando foi a última vez que você sentou à mesa para fazer uma refeição? Para a maioria das pessoas, o sofá tomou o lugar da mesa. Antigamente nós fazíamos uma pausa antes da refeição, seja por etiqueta ou para fazer orações. Era o momento de reconhecer o que estava prestes a ser consumido e apreciar o fato de ter comida na mesa.

O guia do Headspace para meditação e *mindfulness*

Com isso em mente, vou sugerir que o próximo exercício seja feito sentado à mesa. É bom fazê-lo sozinho nas primeiras vezes, porque provavelmente será mais fácil para se concentrar. Também será melhor fazê-lo em silêncio no começo, sem conversas ou ruídos de fundo. Assim, a tarefa será mais fácil se você desligar a televisão, a música e, sim, até o celular. Você também vai extrair mais do exercício se o fizer sem qualquer material de leitura, então diga adeus ao laptop, livros e revistas. Com isso, restam apenas você e a comida. As pessoas costumam dizer que se sentem sozinhas ou entediadas ao fazer esse exercício pela primeira vez (um indicativo do quão raro é ficarmos sem distrações), mas quando você mergulha no exercício, esses dois sentimentos vão desaparecer bem rápido. Talvez você também queira comer um pouco mais devagar durante esse exercício (mas não tão devagar quanto no monastério birmanês) para que seja mais fácil seguir as instruções. Não estou sugerindo que você coma desse jeito (ou nessa velocidade) *o tempo todo*, mas como exercício formal é melhor fazer assim. É a diferença entre meditação e *mindfulness* que discutimos antes. A meditação te ajuda a ter mais atenção plena no dia a dia, não importa o quão ocupado você esteja ou quantas pessoas tenha ao seu lado. Depois de se familiarizar com o ato de comer com *mindfulness*, você poderá aplicá-lo a todas as suas refeições, mesmo se estiver conversando com amigos ou comendo apressadamente.

Sétimo exercício: meditar enquanto come

Esse exercício também está disponível como meditação guiada no site headspace.com ou através do aplicativo Headspace.

Sente-se à mesa, de preferência sozinho, e livre de quaisquer distrações externas. Não se preocupe com os sons externos que estão fora

A integração

do seu controle, pois você poderá incluí-los no exercício, do mesmo modo que fez no Take10.

Antes de pegar o alimento que você comerá, faça algumas respirações profundas — inspirando pelo nariz e expirando pela boca — para permitir que o corpo e a mente se acalmem um pouco.

Depois, tire um momento para apreciar a comida. De onde ela veio? De que país? Ela foi plantada, criada ou fabricada? Tente imaginar os vários ingredientes na natureza e o tipo de pessoa que toma conta das plantações ou animais. Ao longo do tempo, nós ficamos completamente desconectados da origem dos alimentos. Isso pode não parecer tão importante, mas em termos de ter uma atenção plena mais ampla em relação à comida, pode ser bastante útil.

Ao fazer isso, observe se há algum tipo de impaciência em sua mente, um desejo de querer continuar e consumir o alimento. Talvez você esteja pensando em tudo o que precisa fazer naquele dia. Seja qual for a reação, é provável que seja apenas um comportamento condicionado, um hábito que pode ter uma força surpreendente.

Sem explorar qualquer tipo de sentimento de culpa, tire um momento para apreciar o fato de você ter comida no prato. Às vezes nos esquecemos que, para muita gente no mundo, essa não é a realidade. Talvez você não goste de pensar nisso, mas existe algo de importante nesse processo, pois uma boa dose de apreço e gratidão é o cerne da prática estável de *mindfulness*.

Como disse anteriormente, você pode fazer essa próxima parte um pouco mais devagar que o normal, mas não importa como você faça, o importante é fazê-la naturalmente e sem pensar muito.

Se for um alimento para ser comido com as mãos, observe a textura, a temperatura e talvez as cores ao pegá-lo. Se estiver em um prato, observe a textura e a temperatura do talher enquanto você o move na pela comida, tirando também um tempo para observar as cores no prato.

Ao direcionar o alimento para a boca, tire o foco das mãos e coloque-o nos olhos, nariz e boca. Como está o aroma? Como é a aparência do alimento visto de perto? Ao ingeri-lo, qual é o gosto, a textura, a temperatura? Você não precisa "fazer" nada, pois está apenas observando os vários sentidos em ação.

Além dos sentidos físicos, observe como a mente reage ao alimento. O que você está comendo é recebido com prazer ou desgosto? Há aceitação do alimento como ele é ou alguma resistência a certos aspectos dele? Talvez esteja quente ou frio demais, doce ou amargo demais. Observe como a mente se apressa para julgar o alimento e compará-lo a refeições anteriores.

Depois de mastigar algumas vezes, sua mente pode se entediar com o exercício e começar a devanear, pensando em outro assunto. Como acontece no Take10, isso é normal e não é motivo para se preocupar. Assim que perceber o devaneio, traga a atenção de volta ao objeto de meditação: o processo de comer e os diferentes gostos, cheiros, texturas, visões e até sons envolvidos nele.

Ao continuar a comer dessa forma, você pode observar se existe um desejo habitual e forte de comer mais rápido, talvez para chegar logo à sobremesa. Ou se existem sentimentos de desconforto em relação ao que você está comendo, especialmente se você estiver preocupado em relação ao seu corpo. Observe esses pensamentos surgindo em sua mente e, se possível, observe também a respiração à medida que você come. Ela pode indicar o quanto esse exercício é confortável ou desconfortável para você.

Ao chegar ao fim da refeição, observe se existe alguma decepção ou alívio por ter quase terminado o prato. Você pode até tirar um tempinho para saborear a última garfada.

Antes de se levantar para ir embora ou comer o próximo alimento, faça algumas respirações profundas novamente. Lembre-se da aparência do prato quando estava cheio e como ele está agora, vazio.

A integração

Observe o contraste: antes de você sentar à mesa, o estômago estava vazio, e agora está cheio. Ao observar tudo isso e perceber que tudo tem um começo e um fim e está sempre mudando, a mente costuma a vivenciar uma sensação maior de calma ao longo do tempo.

MINDFULNESS PARA CAMINHAR

Você já começou a andar e, alguns minutos depois, percebeu que estava no fim da rua, sem saber direito como chegou lá? Essa é uma experiência comum, que levanta a questão: se você não estava presente "na rua", onde você estava? É quase inevitável que você tenha se envolvido nos pensamentos. Claro que às vezes é bom deixar a mente voar, e muita gente afirma ser mais criativa quando faz isso. Só você sabe o quanto a sua conversa mental é produtiva ou agradável durante uma caminhada. Ao andar pela rua, as consequências de se perder em pensamentos não costumam ser tão graves. Mas você já fez isso enquanto dirigia? Perceber de repente, que dirigiu alguns quilômetros por um caminho familiar sem qualquer consciência disso? É engraçado e assustador ao mesmo tempo. Engraçado como podemos ser tão distraídos e assustador por conta dos riscos que isso implica. Mas existe um excelente motivo para esse tipo coisa acontecer com a gente, e é mais óbvio do que você imagina.

Caminhar é uma ação habitual que não exige muita concentração. Por isso, ela se tornou praticamente autônoma, e é fácil andar em um estado semiconsciente, em que as pernas se movem, mas a mente pensa em algo totalmente diferente. Pode ser algo que já esteja na cabeça (assuntos pequenos ou grandes) ou novos pensamentos que são engatilhados por objetos ou outras pessoas na rua. Se você vive em uma cidade movimentada ou um lugar muito cheio, isso é especialmente verdadeiro.

Não tem problema em observar tudo isso. Na verdade, da perspectiva do *mindfulness*, podemos até dizer que é bom, pois significa que você está temporariamente fora do reino do pensamento. O problema surge quando você se envolve com o que chamou sua atenção e começa a pensar e criar uma história ao redor daquilo. Talvez um carro barulhento passe e você se lembre de que não gosta de morar em um lugar movimentado, e começa a sonhar com o lugar onde gostaria de viver. Ou talvez você veja algo na vitrine de alguma loja, imagine como seria bom ter esse objeto e pense em seus problemas financeiros logo em seguida. Não importa o motivo que levou ao devaneio, ele se *afastou* do momento presente e da experiência direta da vida. Às vezes parece que estamos tão ocupados lembrando, planejando e analisando a vida, que nos esquecemos de *vivê-la* —como ela *realmente* é, em vez de pensar como ela *deveria* ser.

Como na maioria desses exercícios, existem duas formas de treinamento mental para estar consciente enquanto caminha. Primeiro temos a abordagem formal, que eu chamo de "meditação em movimento", e tende a ser feita um pouco mais devagar. Depois, temos a aplicação mais geral e prática do *mindfulness* para caminhar no dia a dia. Não é necessário fazer as duas, e muita gente pula direto para a aplicação geral, que não exige muito do seu tempo. Você provavelmente já anda muito ao longo do dia, então basta direcionar a mente de outra forma enquanto faz o usual. A forma como estruturei o próximo exercício é uma fusão das duas abordagens. Se você tiver tempo, recomendo tentar mais devagar no começo, mesmo que seja apenas uma ou duas vezes, só para sentir melhor a técnica. Também vale a

A integração

pena experimentá-la em um parque ou rua tranquila em vez de fazê-la no meio de uma cidade movimentada. Talvez este seja o equivalente a aprender a nadar em uma piscina em vez do mar.

OS ZUMBIS

Durante uma temporada na Austrália, tive a sorte de passar um tempo trabalhando em um retiro nas Blue Mountains. A casa ficava em uma paisagem rural linda, à beira de um vilarejo pequeno e bem populoso. Ela era usada por monges, monjas e leigos, sem distinção. Como a Austrália não é um país budista, a casa era financiada por doações do Sri Lanka e da Birmânia. Eles até traziam alimentos incríveis feitos na hora para todos comerem durante os retiros. Quando perguntaram a um dos visitantes o que estava achando de tudo, ele comentou:

— Bem, as partes *entre* as refeições são bem difíceis, mas o resto do retiro é fantástico!

Na tradição dos monastérios birmaneses, existe uma forte ênfase no estilo formal de meditar caminhando. As pessoas aprendiam a técnica dentro da casa do retiro, mas como o local era muito grande e bonito, elas geralmente saiam de lá para praticar.

Você precisaria ver para ter uma ideia, mas digamos que o cenário era digno de um hospício. Em todos os lugares havia pessoas andando para frente e para trás, muito devagar, aplicando as instruções recebidas. A cena ficava ainda mais extravagante porque eles foram ensinados a olhar para frente, sem fazer qualquer contato visual com ninguém e, claro, sem falar.

O guia do Headspace para meditação e *mindfulness*

Muitos visitantes gostavam desse exercício porque tirava eles da sala de meditação, onde sofriam para ficar uma hora com as pernas cruzadas em posição de lótus. Também significava estar ao ar livre, aproveitando o sol. Mas, para muita gente, o prazer vinha do simples fato que meditar caminhando parecia oferecer uma noção muito maior de calma e amplitude do que meditar sentado. E existe um bom motivo para isso. Quando a maioria das pessoas começa a meditar, geralmente acha bem difícil saber a quantidade certa de esforço. Se você se esforçar demais, a meditação fica desconfortável e se não se esforçar o suficiente, acaba dormindo. Esse equilíbrio entre foco e relaxamento já foi mencionado anteriormente. Como regra geral, contudo, a meditação caminhando parece levar naturalmente ao elemento da amplitude, parecendo muito mais confortável nos primeiros dias para várias pessoas. Devo acrescentar que meditar caminhando não deve ser considerado um *substituto* para meditar sentado. Ambas têm seu lugar, mas a prática sentada tem uma importância específica e própria.

Todos os participantes do retiro receberam orientações rígidas para praticar essa técnica de meditação caminhando apenas *dentro* do terreno do retiro. Mas como os seres humanos não são tão bons assim em seguir ordens, é claro que três ou quatro alunos decidiram que era hora de expandir seus horizontes e ir além do portão na hora do almoço. Agora, imagine morar em um belo e tranquilo vilarejo nas montanhas, onde você conhece todos os vizinhos e todos conhecem você. Até que um belo dia você olha pela janela para admirar a paisagem e vê um homem do outro lado da rua andando devagar, usando roupas casuais, olhando fixamente para frente e indiferente a você em pé na janela. Depois aparece uma mulher. Ela não está muito longe

A integração

do homem, e na verdade eles parecem estar competindo para ver quem consegue andar mais devagar. Em seguida, você vê mais um, e depois outro. Você não reconhece essas pessoas e todas agem da mesma forma, como se estivessem em algum tipo de transe e fossem zumbis sem força para estender os braços.

Se você visse isso, teria o direito de ficar preocupado. Na verdade, se você fosse uma pessoa ansiosa, talvez perdesse totalmente a linha. Então, não foi surpresa quando uma moradora local viu essa mesma cena um dia e decidiu que era melhor chamar a polícia. Ela imaginou que alguma técnica de lavagem cerebral estava sendo usada no retiro e as pessoas estavam andando a esmo pela rua em um estado semicomatoso. Agora, a polícia do vilarejo compreende o processo de meditar caminhando melhor do que todos os departamentos de polícia do país.

Isso me leva a uma questão importante. Meditar caminhando, mesmo que seja de modo formal e estruturado, não deve ser feito de um jeito robótico. O processo exige apenas que você ande *naturalmente*, mas em um ritmo um pouco mais lento. Se você estiver em um monastério ou retiro, esse ritmo pode ser muitíssimo lento. Mas continua sendo um movimento *natural* que não exige muito pensamento. Você sabe andar, não precisa pensar nisso. Mas, por algum motivo (o mesmo que leva algumas pessoas a "pensarem demais" na respiração ao fazer a meditação sentada), há quem sinta uma ânsia de *pensar* no processo em vez de apenas ter consciência dele. É nesse momento que você pode parecer meio estranho. Então não tente andar de um jeito especial — basta caminhar. O fato de você fazer isso na velocidade normal, talvez até falando com outra pessoa, deve ajudar a manter a naturalidade. Esse é um dos motivos pelos quais eu recomendo se esforçar para caminhar com atenção plena no dia a dia assim que estiver familiarizado com o exercício abaixo.

Quando as pessoas procuram a clínica, não importa se é por hipertensão, insônia, vícios, depressão ou qualquer outro motivo, todas aprendem a aplicar as técnicas da meditação e os princípios do *mindfulness* ao ato de caminhar. Se o seu objetivo é fazer a meditação funcionar ao longo do dia, esse processo é de suma importância. Quando as pessoas experimentam essa técnica pela primeira vez, quase todas comentam como ela parece surreal. Uma frase comum é: "Senti que estava *na* vida, mas não *fazia parte* dela." Ao mesmo tempo, reconhecendo o paradoxo, eles também se sentem menos separados do mundo ao redor, tendo uma consciência maior de estar interconectados a tudo. Para outros, tudo parece mais nítido e a técnica faz com que eles se sintam "vivos". Se sairmos dos pensamentos o suficiente para observar e apreciar a riqueza da vida ao redor, então certamente tudo vai parecer bem nítido, comparado ao estado normal e banal de nos perdermos em pensamentos.

Oitavo exercício: meditar enquanto caminha

Esse exercício também está disponível como meditação guiada no site headspace.com ou através do aplicativo Headspace.

Ao iniciar a caminhada, observe como seu corpo se sente. Ele está leve ou pesado, tenso ou relaxado? Não tenha pressa para responder, mas tire alguns segundos para ter consciência da sua postura e do seu jeito de se mover.

Sem tentar mudar o jeito de andar, apenas observe a sensação. Assim como a respiração, o processo de caminhar é tão autônomo e condicionado que você nem precisa pensar nele, então tire um

A integração

momento para observá-lo e notá-lo. É normal ficar meio constrangido ao fazer isso, mas essa sensação costuma passar logo.

Embora não seja necessário pensar no processo de caminhar, você precisa estar atento ao que acontece ao redor, então tenha cuidado e observe os carros, as outras pessoas, sinais, placas de trânsito e coisas do tipo durante o exercício.

Comece observando o que está ao seu redor. Pode ser as outras pessoas passando por você, vitrines de lojas, carros, propagandas e tudo que se espera ver em uma cidade movimentada. Se você mora na zona rural, provavelmente verá campos, árvores e animais. Observe as cores, as formas, o movimento e talvez até a quietude. Não é preciso pensar no que está vendo, basta ver e reconhecer. Leve uns trinta segundos para fazer isso.

Em seguida, preste atenção nos sons: o que você ouve? Talvez o som dos seus pés na calçada, dos carros passando, dos pássaros nas árvores ou de pessoas falando.

Sem se envolver em pensamentos sobre os objetos ou sons, tire um momento para reconhecê-los, como se estivessem apenas indo e vindo em seu campo de consciência. Leve mais uns trinta segundos para fazer isso.

Em seguida, preste atenção nos cheiros por uns trinta segundos. Alguns podem ser agradáveis, enquanto outros certamente podem ser desagradáveis. Talvez seja o cheiro de perfume, loção pós-barba, gasolina, fumaça dos carros, comidas, bebidas, grama recém-cortada ou plantas. Perceba como a mente quer criar uma história a partir de cada um dos cheiros, como eles lembram algum lugar, algo ou alguém.

Por fim, observe as sensações físicas ou sentimentos. Pode ser a sensação do calor do sol, da chuva fria ou de uma brisa gelada. Talvez seja a sensação das solas dos pés tocando o chão conforme você anda, o peso dos braços balançado ou até algo dolorido, como ombros tensos ou aquele joelho machucado. A intenção é apenas reconhecer as sensações por uns trinta segundos, sem se envolver em pensamentos.

Ao continuar a andar, não tente impedir que isso entre em seu campo de consciência — apenas observe enquanto eles vêm e vão, como algo está sempre sendo substituído. Pense na analogia da estrada, onde carros de várias cores estão apenas indo e vindo, passando por você. A única diferença é que, agora, você está andando em vez de sentado à beira da estrada.

Após um ou dois minutos, direcione a atenção para a sensação de movimento do corpo. Perceba como o peso vai do lado direto para o esquerdo e depois volta para o direito, mantendo um ritmo constante. Evite ajustar a velocidade de modo artificial ou andar em um determinado ritmo (a menos que você esteja em algum lugar tranquilo, como um parque ou sua casa). Em vez disso, observe o jeito que você anda e o ritmo ao qual se acostumou. Após fazer esse exercício, talvez você escolha andar um pouco mais devagar no futuro.

Use o ritmo da caminhada, a sensação física das solas dos pés tocando o chão como base de consciência, o lugar ao qual você pode voltar quando perceber que a mente está devaneando. É o equivalente à sensação de sobe e desce da respiração quando você medita sentado.

Você não precisa se concentrar a ponto de ignorar tudo ao seu redor. Na verdade, mantenha-se aberto ao que está acontecendo e, quando perceber um devaneio, traga a atenção de volta ao movimento do corpo e à sensação das solas dos pés tocando o chão.

Como você vai estar mais presente e consciente, é bem provável que seus hábitos mentais (seu jeito normal de pensar) também fiquem mais evidentes. Geralmente passamos tanto tempo envolvidos nos pensamentos que nem percebemos como reagimos a tudo. Por exemplo, como você se sente quando seu ritmo é quebrado pelo sinal vermelho e você é obrigado a esperar para retomar a caminhada?

A integração

Há uma sensação de impaciência, de querer se mexer e continuar? Você se vê disputando lugar com outras pessoas à frente da faixa de pedestres ou sente um alívio pela oportunidade de descansar por alguns segundos?

Dividir essa técnica em seções pode ser útil. Por exemplo, se você precisa andar de A até B e essa caminhada leva entre 10 e 15 minutos, então é melhor usar as ruas como base. No começo de cada rua, lembre-se da sua intenção de caminhar sem distrações até o fim daquela rua. Ao perceber um devaneio, direcione a atenção para a sensação nas solas dos pés. Quando chegar ao fim da rua, recomece como se fosse um novo exercício. Assim, o processo pode ficar bem mais fácil de gerenciar.

Se você tiver a sorte de morar perto de um parque, rio ou algum espaço aberto e agradável, experimentar a técnica ao ar livre também pode ser uma boa ideia. Haverá muito menos distrações externas nessas áreas, e isso pode mudar a forma como você sente o exercício. Mudar o cenário também pode ser útil para notar as diferenças no funcionamento da mente nesses ambientes contrastantes.

CLAREZA MENTAL PARA EXERCÍCIOS FÍSICOS

Com que frequência você dá tudo de si durante os exercícios físicos? Seja treinando na academia para entrar em forma, jogando futebol com os amigos, correndo no parque, esquiando montanha a baixo, fazendo yoga, nadando, andando de bicicleta ou talvez até competindo em algum esporte, com que frequência você termina a atividade e pensa "Uau, isso foi ótimo!" ? Claro que muitas pessoas tendem a se criticar demais, mas até elas sabem quando apresentam o desempenho máximo dentro de sua capacidade. Existe a sensação de estar "com tudo" e "focado", como se todas as condições necessárias se unissem no momento certo para permitir que você tenha esse desempenho. Há uma sensação de confiança, foco e disposição. O engraçado é que, mesmo sendo algo físico e bem difícil, é quase como se não houvesse esforço. Não é coincidência que tantas dessas características sejam encontradas na meditação.

Se você prestar atenção em atletas profissionais atuando em altíssimo nível, vai perceber que eles passam muito tempo "focados". Eles podem entrar e sair desse estado, mas quando estão realmente em seu desempenho máximo, é como se nada pudesse perturbá-los. Não é um foco que olha para dentro, bloqueando as imagens e sons ao redor. É um foco perfeitamente equilibrado entre a consciência da própria fisicalidade e movimento e o ambiente ao redor, que está sempre mudando. E não só o nível de *foco* que parece perfeitamente equilibrado, mas o nível de *esforço* também. Isso não significa que eles aplicaram esforço máximo, mas que existe uma *naturalidade* que faz com que eles pareçam se mover com graça e facilidade. É como se eles fizessem muito menos esforço do que qualquer pessoa e mesmo assim tenham um desempenho muito melhor.

Pode ser que esses indivíduos tenham uma habilidade natural para aquele esporte, é claro. Na verdade, eles certamente têm. E talvez você esteja bem mais interessado em aplicar essa técnica para correr na esteira da sua academia do que para chegar às finais de Wimbledon. Mas é possível aprender muito sobre a relevância e o papel da meditação nos esportes observando esses indivíduos, especialmente quando se trata de esforço.

Para mim, a imagem que melhor define esse processo é o replay em câmera lenta dos cem metros rasos que você assiste na televi-

A integração

são. Você sabe do que estou falando: é a imagem em que dá para ver todos os detalhes do corpo dos atletas se movendo. Quem está nas primeiras posições geralmente parece muito tranquilo e composto. Suas bochechas balançam de um lado para outro, para cima e para baixo. Naquele momento, eles personificam o equilíbrio mental perfeito entre foco e relaxamento. Mas se você olha para quem está atrás dos primeiros colocados, pode ver seus rostos contorcidos em uma careta, como se percebessem que a corrida está perdida. A careta é uma resposta a essa percepção, uma contração do corpo enquanto eles fazem mais esforço. É algo a se pensar na hora de aplicar o *mindfulness* no dia a dia. Quanto esforço você está fazendo? Não para a corrida de cem metros rasos, mas para o que há de mais simples na vida: abrir e fechar portas, passar um pano na mesa de trabalho, segurar o volante, fechar a torneira, escovar os dentes. Enquanto você faz as tarefas do dia, comece a observar o esforço que coloca nelas. Tenho certeza de uma coisa: o nível de esforço que você aplica à vida quase sempre vai se refletir na sua meditação.

Não é possível separar o corpo e a mente. Quando a mente está presente, o corpo também está. Quando existe foco mental, também existe o foco físico, e quando a mente está sossegada, o corpo também está. Parece tão óbvio quando falamos dessa forma e, mesmo assim, com que frequência você aplica essas ideias à sua rotina de exercícios? Não importa se você quer melhorar sua disciplina, resistência mental, consciência espacial, concentração, gerenciamento da dor ou até a capacidade de trabalhar sob pressão: todos esses fatores começam na mente. Se a mente estiver presente, alerta e concentrada, com uma sensação de calma e relaxamento, você certamente vai progredir. Mas se a mente estiver longe, pensando na conversa de ontem ou no presente de aniversário do seu amigo no mês que vem, como será possível apresentar o seu melhor desempenho? Assim como a meditação guiada, essa prática não exige tempo extra do seu dia. Supondo que você já faça algum tipo de exercício físico, ela apenas oferece mais uma oportunidade de praticar a arte de estar consciente. E se a sua forma ou habilidade física melhorar ao longo do processo, será um bônus.

A PROSTRAÇÃO

Quando eu estava estudando em um certo monastério, havia uma técnica de meditação muito física que precisávamos fazer diariamente ao longo das primeiras oito semanas do retiro de um ano. Ela envolvia ficar em pé, deitar e ficar em pé de novo. Conhecida como prostração, é um jeito habilidoso de unir o corpo, o discurso e a mente ao mesmo tempo. Ela costuma ser feita em uma superfície macia, que ajuda a ficar de bruços no chão. Para facilitar ainda mais o processo, geralmente há dois pedaços de pano onde você pode apoiar as mãos e deslizar mais tranquilamente. Enquanto fazíamos isso, precisávamos recitar um verso bem longo dos textos sagrados tibetanos que parecia uma espécie de trava-línguas em algumas partes. Esse verso precisava ser memorizado e recitado com rapidez suficiente para estar de acordo com o movimento físico da prostração. Realizar essas duas ações era como bater na cabeça e coçar a barriga em movimentos circulares ao mesmo tempo. E ainda tinha mais.

A técnica também exigia visualizar uma imagem bastante complicada: um quadro com muitas pessoas sentadas em várias posições, vestindo roupas diferentes e segurando objetos diver-

A integração

sos. Tudo isso precisava ser lembrado e visualizado enquanto nos levantávamos e deitávamos, repetindo o verso tibetano várias vezes. Assim, o corpo, o discurso e a mente se uniam em perfeita harmonia. Pelo menos, o objetivo era esse. Durante o aprendizado, era bem comum que o corpo e discurso funcionassem bem, mas que a mente devaneasse para pensar em outros assuntos. Em outras ocasiões, a visualização era muito boa, mas de repente eu percebia que estava repetindo palavras sem sentido, nem um pouco parecidas com o verso que decorei. E, às vezes, eu estava tão concentrado no aspecto *mental* que não prestava atenção no movimento físico e acabava caindo de cara no chão, o que pode machucar de verdade quando você faz isso em alta velocidade.

Quanto mais eu praticava essa técnica, mais eu enxergava um padrão. Se o equilíbrio entre foco e relaxamento estivesse certo, então o que era essencialmente um exercício físico se tornava fácil. Podemos dizer que havia a mesma quantidade de consciência no corpo, no discurso e na mente. Mas se esse equilíbrio não estivesse correto, um ou dois desses aspectos não funcionariam. Nesses momentos, em vez de parecer fácil, era como se eu estivesse pisando em areia movediça. E simplesmente fazer mais esforço não ajudava. Pelo contrário, parecia piorar ainda mais a situação. À medida que as semanas se passavam, aprendi a trabalhar melhor com a mente a cada dia, descobrindo quando aplicar mais esforço e quando tirar o pé do acelerador. Além disso, minha mente ficou mais disposta também, pois estava se acostumando a esse novo jeito de se concentrar e resistia um pouco menos a cada dia. Claro que eu ainda devaneava em alguns momentos, mas era mais fácil perceber quando isso tinha acontecido e redirecionar a atenção para o movimento físico, para a capacidade de recitar o trecho de forma coerente e visualizar da imagem que tínhamos estudado. Essas mudanças aconteciam à medida que eu me concentrava menos no resultado e mais em estar presente em cada movimento. Se você conseguir fazer o mesmo com o seu exercício físico favorito, não só verá uma grande melhora no desempenho como também poderá realizá-lo com mais facilidade e prazer.

Não desanime com o título "meditar enquanto corre" se esse não for seu exercício físico favorito. O mesmo vale para o ciclismo, yoga, natação ou qualquer outro esporte. Porém, como você já aprendeu a meditar enquanto caminha, aplicar esse princípio à corrida será uma transição natural. Sem dúvida é muito mais fácil ter focar sua atenção totalmente enquanto pratica algum exercício físico de natureza repetitiva e no qual você não esteja competindo diretamente com outra pessoa. Então, atividades como natação, ciclismo, dança, corrida, golfe, esqui e yoga, entre outras, são perfeitas para isso. Embora seja possível aplicar essa técnica a esportes coletivos, como futebol, basquete e hóquei, existe uma tendência maior a ser sugado pelos seus padrões habituais, talvez correndo por aí como um doido e se esforçando demais.

Hoje em dia, para muitas pessoas, a corrida se tornou uma atividade tão comum como andar ou comer. Isso tem um lado bom, pois fica mais fácil entrar em um estado semiconsciente de corrida, no qual o movimento físico é tão familiar que exige pouca concentração. Por outro lado, a mente costuma devanear com mais facilidade. Então é normal se perder em devaneios quando estiver correndo, independente dos pensamentos serem relacionados à corrida ou a qualquer outro assunto. Mas o único jeito de garantir o desempenho máximo dentro da sua capaci-

A integração

dade é deixar o pensamento para trás e permitir que o corpo e a mente trabalhem juntos, unindo o foco físico e o mental. Você precisa "tentar não pensar", direcionando a atenção para o processo, o ritmo e a sensação da corrida. Quando perceber que a mente devaneou, apenas redirecione atenção para o seu objeto de foco.

Nono exercício: meditar enquanto corre

Esse exercício também está disponível como meditação guiada no site headspace.com ou através do aplicativo Headspace.

Antes de começar a correr, perceba como você está se sentindo. O que está acontecendo em sua mente? Você está ansioso, confiante ou completamente indiferente? Se você tiver tempo e vontade, pode até tirar alguns minutos para meditar sentado e permitir que a mente descanse antes de começar. Se você fizer isso toda vez, pode notar um padrão que vai ajudar a reagir mais habilmente.

Ao vestir as roupas de corrida, comece a observar as sensações físicas no corpo. Talvez suas pernas estejam pesadas por conta de uma corrida anterior ou seus ombros tensos após muito tempo na frente do computador. Ou talvez haja uma sensação de leveza no corpo. Como acontece com a técnica de meditar sentado, esse processo é feito sem qualquer julgamento ou análise, você está apenas construindo a consciência sobre como se sente.

Antes de sair de casa, faça algumas respirações profundas. Além de ajudar na concentração, isso dará uma noção maior de ter os pés no chão. Inspire pelo nariz e expire pela boca. Quando estiver correndo, volte à respiração mais natural para você. Tente fazer isso pelo menos quatro ou cinco vezes antes de sair.

Ao começar a correr, enquanto você mantém uma forte consciência de tudo o que acontece ao seu redor, traga a atenção de volta

O guia do Headspace para meditação e *mindfulness*

ao corpo. Como ele se sente agora que está se mexendo? Como os músculos estão reagindo ao movimento? Observe a mudança na respiração conforme o corpo começa a se aquecer. Como sempre, não há nada a fazer, exceto ter consciência de tudo isso.

Observe também como a mente reage. Há uma sensação de prazer, de ter "escapado" do trabalho ou de casa para esticar as pernas e pegar um pouco de ar fresco? Ou é uma leve sensação de ansiedade por conta do esforço árduo que você fará na corrida? E os pensamentos? A mente está muito agitada, remoendo todos os acontecimentos do dia e repassando a lista de tarefas para amanhã? Ou ela está calma, talvez até se sentindo reconfortada pelo movimento físico?

Durante a corrida, observe o ritmo que você estabeleceu. Ele é confortável? Como o corpo se sente? Está equilibrado e com a mesma quantidade de força nas duas pernas? Como estão os braços? E os ombros? Algum lugar do corpo está tenso? Se estiver, você já sabe o que fazer: observar, prestar atenção, ficar consciente. Resista à tentação de se livrar da tensão de alguma forma. Você pode acabar descobrindo que, estar consciente, ela desaparece de forma natural.

Se você estiver correndo para se divertir ou para manter a forma física, vale a pena estimular ativamente a consciência do que acontece ao seu redor. Isso pode envolver outras pessoas correndo, carros, parques, campos, prédios e tudo que passar pelo caminho. É incrível como as pessoas percorrem exatamente o mesmo caminho todos os dias e sabem tão pouco sobre ele, sem vê-lo de verdade. E o único motivo para isso é a tendência a interiorizar e se perder nos pensamentos. Lembre-se da curiosidade gentil e tente não observar freneticamente tudo ao seu redor, apenas mantendo o interesse no que chamar a sua atenção.

Como você está mais presente e mais consciente, é bem provável que seu jeito de pensar (seus hábitos mentais) também fique mais em

A integração

evidência. Você tende a ser crítico ou gentil consigo mesmo quando está correndo? Para onde a mente vai por instinto? Ela se volta para dentro (os pensamentos) ou para fora (as sensações do corpo)? Há uma sensação forte de confiança ou de nervosismo? Você pode começar a notar tudo isso enquanto faz esse exercício. E talvez você também perceba quando o corpo começar a reagir ao processo de corrida, liberando endorfina e fazendo você se sentir invencível, como se pudesse correr para sempre (supondo que isso aconteça em algum momento da sua corrida).

Um dos problemas de ganhar consciência é perceber tanto as sensações agradáveis quanto as desagradáveis. Mas quando abordadas do jeito certo, até as sensações desagradáveis podem ser úteis. Em vez de tentar "fugir" do desconforto físico, veja o que acontece quando você presta atenção nele. Tente fazer isso como se você e a dor não fossem separados, como se fosse menos uma questão de "eu e minha dor" e mais uma experiência direta e simples da dor. Os resultados podem ser surpreendentes.

A falta de fôlego, a tensão no peito, a dor nas coxas ou câimbras nas panturrilhas, tudo isso pode ser usado como suporte ou objeto de foco para meditar durante a sua corrida. Ao perceber a dor pela primeira vez, a reação instintiva é resistir e tentar se livrar dela, o que geralmente envolve interromper a corrida ou travar uma longa batalha mental para tentar superá-la, ignorá-la ou reprimi-la de alguma forma. Claro que você precisa estar ciente da sua capacidade física para respeitar seu corpo e agir quando necessário. Contudo, caso sinta que pode continuar sem causar lesões duradouras, tente se aproximar do desconforto, como se estivesse afundando nele para vivenciá-lo de um modo muito direto. Isso pode parecer contraproducente no início, mas há um método nessa loucura. Ao ficar mais perto, vivenciá-lo completamente e até estimular esse desconforto, a dinâmica de sempre muda, e a dor costuma ir embora.

Se você estiver correndo mais a sério, talvez até para alguma competição, pode preferir se concentrar apenas no processo e na mecânica da corrida. Um objeto de foco bastante útil e usado é a sensação do pé batendo no chão, semelhante a que você percebe ao meditar caminhando. A noção de ritmo pode ser muito relaxante é um ponto de foco certeiro e estável.

Seja qual for o objeto de foco, tente correr "suavemente" e com uma atitude mental tranquila em relação ao exercício. Mesmo que você esteja se esforçando muito para melhorar seu tempo, veja apenas como o ato de correr exige pouco esforço. Por mais estranho que pareça, quanto mais esforço você coloca em algo, maior será a tensão gerada e mais lento será o ritmo. Esse até pode ser o foco da sua corrida: monitorar a quantidade de esforço aplicado e observar como isso afeta o seu ritmo.

Independentemente de você correr por diversão ou levar o esporte mais a sério, esse exercício ficará muito mais fácil se for dividido em partes. Algumas pessoas se concentram melhor pensando em cada passada, enquanto outras preferem pensar em rua a rua ou até quilômetro a quilômetro. Um método bastante popular é dividir a corrida em dez, vinte ou até cem passos de cada vez. Lembra um pouco o processo de contar as respirações e ajuda a evitar os devaneios. Claro, quanto maior a distância que você pretende correr, maior será a dificuldade para se lembrar desses princípios, então verifique regularmente se você está presente durante a corrida.

CLAREZA MENTAL PARA O SONO

Você já se perguntou por que seus pensamentos parecem correr a mil por hora no exato momento em que sua cabeça bate no travesseiro à noite? Eu geralmente ouço esse processo ser

A integração

descrito como insônia (porque gostamos de rotular tudo), mas se acontece só de vez em quando, então talvez seja melhor descrevê-lo apenas como nós sendo humanos. O interessante é que essa experiência nem sempre é o que parece. Estar deitado na cama à noite, livre de todas as distrações, não é muito diferente dos primeiros momentos de meditação. De repente, você está sozinho com seus pensamentos. Você passou o dia inteiro tão ocupado com outras pessoas ou atividades que esses pensamentos ficaram em segundo plano. Talvez você tenha sentido uma vaga consciência desse ruído de fundo, desses pensamentos indo e vindo, mas é bem provável que muitos deles não tenham sido reconhecidos e nem processados. Ao se deitar em silêncio e sem distrações, é natural que os pensamentos fiquem mais óbvios. É como o momento em que você tira a venda na analogia da estrada que mencionei anteriormente. Há algo que você possa fazer em relação a isso? A resposta é definitivamente sim, embora seja bom entender bem a dinâmica antes de aprender o exercício em si.

Digamos que você teve um dia agitado no trabalho, volte para casa, jante e assista um programa na televisão ou se ocupe no computador. Embora assistir à televisão possa ter feito você se sentir bem e se distrair, ir para cama o deixou subitamente inquieto e agitado. Talvez haja alguma preocupação específica ou talvez seja apenas a natureza agitada da mente, com os pensamentos passando rapidamente um após o outro. Ou talvez seja um reflexo das escolhas do seu estilo de vida, sono irregular, *jet lag* ou consumo de estimulantes. Seja qual for o motivo, quando a mente pega um embalo como esse, pode levar um tempo para os pensamentos se acalmarem. Claro que gostaríamos que eles se acalmassem imediatamente e, quando isso não acontece, ficamos decepcionados, frustrados, preocupados ou aborrecidos. É como se quanto mais você tentasse parar os pensamentos, mais eles aparecessem.

Isso não é só sua imaginação fazendo hora extra. Pela lógica, se você começa a pensar que não vai conseguir dormir, estará criando vários pensamentos adicionais. E ao colocar muito esforço no processo, também criará tensão. Assim como na meditação, quanto mais você resiste a esses pensamentos e sentimentos, mais tensão você vai criar, e essa tensão será refletida e sentida no corpo. É aí que o diálogo interno costuma surgir: "Eu não consigo me sentir confortável hoje à noite... Talvez se eu me virar para o outro lado e tentar dormir... Por que será que o Harry falou aquilo hoje? Ele quis dizer algo a mais? Talvez eu deva virar de lado... Pare de pensar, você precisa dormir... Ah, não, minha cabeça está agitada de novo... Por que estou pensando tanto? Está tão tarde... Não vou conseguir dormir... Da última vez que não consegui dormir, foi assim... E eu me senti péssimo no dia seguinte... E ainda tenho uma reunião importante amanhã... Vai ser um desastre... Eu vou estar péssimo... Por que eu não consigo simplesmente desligar esses pensamentos? Tudo bem, é só relaxar, não pense em tentar dormir... Mas eu não consigo... Talvez seja melhor levantar... Ler um livro... Pare de pensar... Por que a minha mente é tão agitada?"

Isso pode parecer engraçado agora, em plena luz do dia, mas quando acontece à noite, a experiência perde totalmente a graça. Você pode ficar com raiva da incapacidade de controlar o fluxo de pensamentos ou com medo deles voarem, gerando uma noite em claro. Talvez fique deprimido ao pensar no cansaço do dia seguinte ou com medo de ter algo errado com sua saúde. Todas essas reações são normais, e você definitivamente não está

A integração

sozinho. Quanto mais agitado e estressado for o seu dia, maior será a probabilidade dessa situação acontecer à noite. Mas nem sempre ela está relacionada aos problemas do dia a dia. Seja qual for o seu caso, isso é comportamental, não fisiológico (estou supondo que você tenha descartado problemas de saúde com seu clínico geral), o que significa que é possível mudar. E essa mudança pode acontecer de duas formas: "desaprender" esse hábito de resistir ou adotar um jeito novo e mais positivo de se identificar com os pensamentos e sentimentos. Eu vivi esses dois casos ao longo da minha vida e houve uma situação específica em que esta técnica se mostrou inestimável.

OS POLICIAIS RUSSOS

Quando cheguei ao aeroporto de Moscou, não sabia muito bem o que esperar. Eu tinha ouvido muito sobre a cidade e a Rússia em geral, mas não sabia no que acreditar. Nessa época, os blocos de apartamentos residenciais em várias partes da cidade estavam sendo aleatoriamente atacados com bombas no meio da noite. O governo russo acusava os chechenos de terrorismo, e o governo checheno acusava os russos de conspirar para motivos para invadir o território deles no sul do país. Não preciso dizer que havia uma ansiedade palpável no ar. As pessoas começavam a desconfiar dos vizinhos, principalmente se fossem estrangeiros ou de outra parte da Rússia. Não que todo mundo fosse um suspeito em potencial, mas as pessoas sentiam a necessidade de ficar atentas a qualquer atividade estranha. Nos tempos da União Soviética, todos os blocos de apartamentos tinham a sua *babushka*, uma senhora que ficava sentada na frente do prédio monitorando tudo o que se passava lá dentro. Durante os bombardeamentos, essa tradição foi ressuscitada em todos os prédios residenciais, com as *babushkas* de olhos bem abertos e relatando qualquer atividade suspeita à polícia.

Como cheguei tarde da noite, a moça que me recebeu no aeroporto me deixou no apartamento e combinou de me encontrar na manhã seguinte. Eu nem percebi a senhora olhando pela janela quando subi as escadas. Estava cansando demais para fazer algo quando cheguei, então só tirei alguns objetos simples da mala. Sempre que viajava, eu tinha uma espécie de ritual: minha primeira atividade era definir um pequeno espaço para meditação no meu local de moradia. Acho que isso refletia a prioridade que eu dava à meditação naquela época. Então eu passei um pano em uma prateleira, peguei alguns objetos simples, umas fotos dos meus professores e coloquei a almofada de meditação no chão, de frente para essa prateleira. Ao perceber que iria dormir se me sentasse para meditar ali, eu decidi ir para cama e meditar assim que acordasse. Assim, deixando o resto dos meus pertences na mala e sem me preocupar em arrumar a cama, eu apenas tirei a roupa e fui dormir.

O tempo é engraçado. É difícil dizer se eu dormi por cinco minutos ou cinco horas, mas fui acordado por um grupo de homens gritando e batendo com força na porta da frente. Sonolento e sem saber ao certo onde estava, fui até a porta lentamente. Eu estava tão cansado que nem me preocupei por estar só de cueca, e sequer pensei em ver o olho mágico para saber quem estava do outro lado. Apenas fui até a porta, tirei a tranca interna, abri e subitamente acordei. Na minha frente estavam quatro policiais com armas imensas, gritando enquanto vinham na minha direção e entrando no apartamento. Eu não

A integração

entendia o que eles estavam dizendo e eles não sabiam inglês. Os homens estavam claramente agitados, e isso não era bom. Três deles se moviam de um quarto para outro, olhando armários e revistando minha mala enquanto um ficou comigo, bloqueando a porta da frente com uma arma na mão.

Após ficarem satisfeitos por não encontrarem o apartamento cheio de explosivos, como a *babushka* tinha falado, todos começaram a relaxar um pouco. Mas só um pouco. Eles continuaram a falar alto e agressivamente. Eu olhei para o relógio, eram apenas meia-noite e meia. Eu tinha dormido menos de meia hora, embora jurasse que tinha sido muito mais tempo. Eles pediram meu passaporte, documentos, visto de trabalho e se sentaram na mesa de jantar para examiná-los. Eu continuei de pé, ainda usando apenas minha cueca verde. Então pensei: "Bem, o que fazer quando alguém vem na sua casa e senta-se à mesa? Acho que você oferece uma xícara de chá." Felizmente alguém tinha deixado alguns suprimentos básicos para mim, então, ainda sob os olhares de um dos policiais, entrei na cozinha e rapidamente fiz chá. Quando voltei, um dos policiais observou a área que eu tinha preparado para meditação e disse:

— *Ah, karate, da*? — E fez um gesto para deixar claro o que estava sugerindo.

Sem saber como dizer: "Não, aí é o lugar onde eu pretendo meditar quando não houver policiais armados correndo por aqui", eu sorri educadamente e fiz que sim com a cabeça.

Essa reação pareceu agradar muito aos policiais. Eles começaram a rir a brincar entre si. Nunca soube dizer se estavam rindo *de mim* ou *comigo*. O simples fato de vê-los rindo já era bom o suficiente. Depois, eles começaram a apontar para diferentes objetos, tentando perguntar alguma coisa. Um deles até apontou para uma das minhas calças, o que foi meio constrangedor, porque eu não fazia ideia do que ele perguntou. Levou algum tempo, mas eu decidi que eles estavam tentando perguntar qual a cor da minha faixa no karatê, qual era o meu nível. Entrando na brincadeira, eu apontei para a cadeira, que era preta. Isso os deixou realmente empolgados e eles começaram a gesticular para que eu demonstrasse. Tentei explicar que era uma piada, mas eles não entenderam. Então eu comecei um jogo de mímica seminu, para tentar explicar que eu estava cansado após um longo voo, e por aí vai. No fim das contas, eles perceberam que eu não quebraria tijolos ou portas naquele momento, então eles desistiram, foram embora e eu fiquei sozinho para voltar a dormir.

"Bem-vindo à Rússia," pensei enquanto deitava na cama. Já passava de uma hora da manhã, mas eu estava totalmente desperto. Minha mente estava a mil por hora e meu corpo ainda estava cheio de adrenalina. Eu sabia que estava cansado e precisava dormir, mas não sabia como isso iria acontecer. Pensamentos sobre a polícia, os atentados aos apartamentos e a minha nova vida na Rússia ocuparam minha mente. Eu também sabia que na manhã seguinte, bem cedo, encontraria muita gente nova com quem iria trabalhar nos próximos meses e, convenhamos, a primeira impressão conta muito. Então eu fiquei deitado com todos esses pensamentos pulando na minha cabeça. Se eu tivesse enfrentado esse tipo de situação antes de receber qualquer treinamento em meditação, tenho certeza que ficaria acordado a noite inteira. Mas como eu já sabia o que fazer, minha mente começou a se acalmar surpreendentemente rápido.

Quanto mais eu conseguia observar os pensamentos e reconhecê-los enquanto passavam pela minha cabeça, mais minha

A integração

mente parecia se acalmar. E, à medida que isso acontecia, meu corpo ficava menos agitado. Sabendo que nenhum esforço iria me fazer voltar a dormir, eu soltei um pouco da corda metafórica e dei muito espaço para a minha mente. Talvez seja bom pensar em alguma das nossas analogias nesse momento, seja domar o cavalo selvagem, a ideia do céu azul e os pensamentos passando como se fossem nuvens ou qualquer outra coisa que você considere útil para aumentar a perspectiva e o espaço. Para mim, foi o céu azul. Mas os velhos hábitos podem ser bem fortes e, de vez em quando, percebo que voltei a me esforçar demais. Mas assim que fiquei consciente desse esforço, foi como se ele tivesse desaparecido de repente. Ele voltou de novo, claro, mas esse processo se repetiu. Enquanto eu estivesse consciente do esforço, ele não parecia ganhar embalo. Em pouco tempo eu comecei a ficar sonolento e acabei dormindo a noite toda.

Esse exercício que estou prestes a mostrar se aplica a todas as formas de insônia: não conseguir dormir, acordar várias vezes durante a noite, acordar muito cedo e não conseguir dormir de novo. Ele se aplica até se você não estiver passando por nada disso e apenas quiser um sono mais reparador ou acordar de manhã sem ficar atordoado. Embora esse exercício deva ser feito à noite, na cama, pouco antes de ir dormir, ele não substitui para o Take10. Na verdade, você vai descobrir que fazer o Take10 diariamente enquanto aprende esse exercício é a melhor combinação.

Muita gente percebe que o sono melhora com a prática do Take10, sem fazer qualquer técnica específica antes de dormir. E as pesquisas científicas parecem comprovar esse resultado. A maior parte dos estudos feitos para avaliar os benefícios da meditação e do *mindfulness* no tratamento da insônia pedia aos participantes para fazer a técnica durante o dia, com resultados igualmente impressionantes. Então pode ser mais útil pensar na meditação e no *mindfulness* como uma forma de manter a mente saudável por um período de 24 horas em vez de cuidar dela apenas à noite.

O exercício abaixo foi feito para durar de 15 a 20 minutos, embora obviamente não haja problema se você dormir no meio dele. Na verdade, cair no sono é bastante normal e não reduz os benefícios do exercício a longo prazo de forma alguma. Lembre-se: esse não é um exercício para *fazer* você dormir, mas para aumentar sua consciência e compreensão da sua mente à noite. Acontece que ele leva os praticantes a dormir com frequência. Talvez seja mais confortável baixar o áudio do exercício e ser guiado ao longo do processo, mas em pouco tempo você vai se familiarizar e terá confiança suficiente para fazê-lo sozinho, se preferir.

Décimo exercício: meditar enquanto dorme

Esse exercício também está disponível como meditação guiada no site headspace.com ou através do aplicativo Headspace.

Antes de dormir, vá ao banheiro e confira se trancou as portas, desligou o celular e fez tudo o que costuma fazer antes de ir para a cama. Se te ajudar, você pode até preparar algo ou então fazer uma lista do que precisa para o dia seguinte.

Em seguida, deite-se de barriga para cima embaixo das cobertas, como se estivesse prestes a dormir. Caso ache mais confortável, coloque um travesseiro fino embaixo da cabeça. Não importa se você normalmente dorme de bruços ou de lado, esse exercício funciona melhor quando você deita de barriga para cima e sempre é possível mudar de posição depois. Enquanto estiver deitado, tire um momento para apreciar a sensação de afundar na cama, do colchão sustentando o corpo e de ter chegado ao fim do dia, sem mais nada para fazer.

A integração

Quando estiver deitado confortavelmente, respire fundo cinco vezes, inspirando pelo nariz e expirando pela boca, como na técnica principal. Ao inspirar, tente perceber os pulmões se enchendo de ar e o peito se expandindo. Ao expirar, imagine os pensamentos e sentimentos do dia indo para bem longe, e qualquer tensão simplesmente derretendo. Isso vai ajudar a preparar o corpo e a mente para o exercício a seguir.

Primeira etapa: comece fazendo a avaliação do jeito normal e observe como você está se sentindo, tanto no corpo quanto na mente. Lembre-se: do mesmo modo que não é possível apressar o relaxamento, também não há como apressar o sono, então tire um tempo para essa parte do exercício. Não se preocupe se houver muitos pensamentos passando pela sua mente (isso é absolutamente normal), apenas deixe-os agir. Evite a tentação de resistir a eles, não importa o quão perturbadores ou desconfortáveis eles sejam.

Depois, perceba mais detalhadamente os pontos físicos de contato. Traga a atenção de volta à sensação do corpo deitado na cama, o peso do corpo no colchão. Observe onde os pontos de contato estão mais fortes: o peso está distribuído por igual? Você também pode notar quaisquer sons ou sensações. Os sons podem ser especialmente perturbadores quando você está tentando dormir. Em primeiro lugar, veja se é um som que você pode mudar ou se é algo fora do seu controle, sobre o qual não se pode fazer nada. Então, em vez de resistir a ele, perceba-o calmamente, mantendo-se presente no som por trinta segundos ou mais antes de trazer a atenção de volta ao corpo.

Agora, tente perceber amplamente as sensações no corpo. Primeiro, faça isso de modo geral. Por exemplo: o corpo está pesado ou leve, inquieto ou imóvel? Depois, tente traçar um quadro mais preciso ao inspecionar mentalmente o corpo, da cabeça ao dedão do pé, observando qualquer tensão ou contração. Sua mente será atraída por essas áreas de tensão, mas você pode relaxar ao saber que está prestes a dormir e o exercício vai aliviá-las. Você pode fazer essa inspeção muitas vezes, levando entre vinte e trinta segundos a cada repetição. Lembre-se de observar as áreas que parecem relaxadas e confortáveis, além de qualquer desconforto.

A essa altura, você provavelmente terá notado a sensação de sobe e desce da sua respiração. Se não notou, basta trazer a atenção para o local do corpo em que você sente o movimento com mais clareza. Como sempre, não tente mudar o ritmo da respiração, apenas deixe seu corpo agir naturalmente. Assim como no Take10, não há jeito certo ou errado de respirar no contexto desse exercício, então não se preocupe se senti-la mais no peito do que na barriga. Observe se a respiração é profunda ou rasa, longa ou curta, suave ou irregular. Você não precisa fazer muito esforço. Só precisa ter consciência do movimento.

Se a respiração estiver muito rasa e difícil de detectar, você pode colocar a mão na parte do corpo em que sente o movimento com mais força. Enquanto ela descansa nesse local, perceba o sobe e desce quando a mão vai para frente e para trás.

Ao observar a respiração por um ou dois minutos, é normal que a mente comece a devanear. Quando você perceber que está distraído, retorne ao presente. Para isso, basta direcionar o foco para a sensação de subir e descer.

Você não precisa marcar o tempo nessa parte do exercício, apenas avance naturalmente para a próxima seção quando sentir que se passaram alguns minutos.

Segunda etapa: essa parte do exercício consiste em recapitular seu dia de modo concentrado e estruturado. Comece pensando no primeiro momento que conseguir lembrar, logo após acordar de manhã. Você se lembra de como se sentiu ao acordar? Depois, como se o

A integração

cérebro tivesse um botão de "acelerar", assista enquanto sua mente reprisa os eventos, reuniões e conversas do dia. Isso não precisa ser feito com detalhes, é mais uma visão geral, uma série de fotografias passando pela sua cabeça.

Por exemplo, imagine-se levantando da cama, desligando o despertador, andando até o banheiro, tomando banho e café da manhã, meditando, andando para o trabalho, cumprimentando um colega e por aí vai. Leve uns três minutos para repassar o dia inteiro, até o momento atual. Pode parecer muito para encaixar em apenas alguns minutos, mas essa é apenas uma visão geral do dia, então não leve mais do que três ou quatro minutos. Depois de algum tempo, você certamente vai se sentir confortável com essa velocidade.

Enquanto a mente repassa o dia, existe a tentação inevitável de se envolver nos pensamentos. Talvez uma reunião tenha ido muito bem e você comece a pensar nas possibilidades. Ou você pode ter discutido com seu chefe e começa a se preocupar com as consequências disso. É normal que a mente devaneie assim, mas definitivamente não é útil se envolver em novos pensamentos a essa hora da noite. Então, quando você perceber que está distraído, volte ao filme passando em sua mente e retome de onde parou.

Terceira etapa: após se trazer de volta ao presente, você pode retornar o foco para o corpo. Concentre sua atenção no último dedo do pé esquerdo e imagine que está apenas desligando por aquela noite. Você pode até repetir as palavras "desligar" ou "descansar" em sua mente enquanto se concentra nos dedos dos pés. É como se você permitisse que os músculos, as juntas, os ossos e todo o resto desligassem antes de dormir, sabendo que eles não serão necessários até a manhã seguinte. Faça o mesmo com o próximo dedão e repita o processo em todos os dedos. Continue dessa forma, passando pela sola do pé, pelo calcanhar e pela parte inferior da perna, até chegar ao quadril e região pélvica.

O guia do Headspace para meditação e *mindfulness*

Antes de repetir esse exercício na perna direita, tire um momento para notar a diferença nas sensações entre a perna que foi "desligada" e a que não foi. Se você tiver qualquer dúvida se algo estava acontecendo ao fazer esse exercício, você sentirá os resultados agora. Repita o mesmo procedimento na perna direita, começando pelos dedos dos pés e seguindo até a cintura. Continue assim até o peito, depois nos braços, mãos e dedos, até chegar à garganta, pescoço, rosto e cabeça. Tire um momento para apreciar a sensação de estar livre de tensões, de não precisar fazer nada com o corpo, de abrir mão do controle. Agora, você pode permitir que sua mente se perca em devaneios, fazendo associações livres de um pensamento ao outro, sem se importar com os rumos que ela quer tomar até você dormir.*

* *Etapa extra (opcional):* é bem possível que ao chegar a esse ponto no exercício, você já tenha caído no sono. Se for o caso, aproveite o descanso e durma bem. Se você não conseguiu dormir, fique tranquilo. Você não fez o exercício incorretamente. Lembre-se: esse não é um exercício para te fazer dormir. O objetivo é aumentar a consciência e compreensão da sua mente durante a noite.

Então, se você ainda estiver acordado, existem duas opções. A primeira é permitir que a mente se envolva em devaneios e faça associações como desejar, sem qualquer tipo de controle ou coerção. Isso pode parecer ótimo. O único problema é que também pode parecer vago ou até desconcertante para algumas pessoas. Se esse for o seu caso, será mais útil terminar o exercício na etapa anterior.

Comece contando de mil até zero, de trás para frente. Pode parecer uma tarefa impossível e árdua, mas se for feito do jeito certo, não exige esforço algum. É um ótimo jeito de manter a mente concentrada enquanto faz a transição para o sono. Nesse momento, também é normal que a mente devaneie, então quando você perceber que se distraiu, basta voltar ao número de onde parou e retomar a partir dele.

A integração

Como observação final, é importante fazer esse exercício com o desejo real de chegar até zero. Não pense nele como um caminho para dormir, mas como um exercício para manter você ocupado e concentrado até o corpo e mente estarem prontos para desligar durante a noite. Não importa se os pensamentos surgirem, nem se eles forem sobre dormir ou outros temas, apenas permita que eles venham e vão. A sua única intenção e foco é tentar chegar até zero. Se você dormir no meio do processo, não tem problema algum.

O QUE AS PESQUISAS MOSTRAM

1 Existe uma ligação entre meditação e autocontrole

Pesquisadores investigando a eficácia do *mindfulness* descobriram que, após apenas cinco dias de meditação por um período muito curto, os participantes tiveram um aumento no fluxo sanguíneo na área do cérebro que ajuda a controlar as emoções e o comportamento. Após completarem onze horas de meditação, ocorreram mudanças físicas reais nessa parte do cérebro. Estudos preliminares também mostram que o *mindfulness* se mostrou eficaz no tratamento do vício em drogas e fumo, além de transtornos alimentares. Em um desses estudos, a compulsão alimentar diminuiu mais de cinquenta por cento em apenas 42 dias.

2 O *mindfulness* melhora o desempenho em situações de estresse

Os neurocientistas da Universidade da Pensilvânia investigaram se o *mindfulness* podia contrabalançar a perda de desempenho mental dos fuzileiros navais norte-americanos em situações de estresse. Segundo o pesquisador chefe: "Construir um bom condicionamento mental por meio do treinamento em atenção plena pode ajudar qualquer pessoa que precise manter o desempenho máximo diante de circunstâncias altamente estressantes, desde socorristas, agentes de ajuda humanitária, cirurgiões especializados em traumas até atletas profissionais e olímpicos."

3 A meditação pode diminuir pela metade o tempo que você leva para dormir

Pesquisadores da Escola de Medicina da Universidade de Massachusetts desenvolveram uma abordagem eficaz para dormir com componente fundamental na meditação. O estudo descobriu que 58% dos insones diagnosticados relataram melhora significativa, e 98% dos que usavam medicamentos para dormir reduziram o uso ou interromperam totalmente o tratamento. Em outro estudo relacionado a esse, feito pelo Stanford Medical Centre, neurocientistas descobriram que após seis semanas de atenção plena, os participantes conseguiram dormir na metade do tempo de antes, uma média de vinte minutos em vez de quarenta.

4 O *mindfulness* pode te ajudar a cumprir aquele prazo

Em diversos estudos baseados no *mindfulness*, pesquisadores descobriram que os praticantes apresentaram melhora significativa em suas habilidades cognitivas após apenas quatro dias de treinamento. Eles tiveram um desempenho particularmente bom em tarefas físicas e mentais que exigiam manter a atenção, e também em tarefas estressantes realizadas com restrições de tempo. Vou deixar os especialistas de apenas um desses estudos darem o veredito: "O grupo da meditação foi particularmente melhor em todos os testes cognitivos cronometrados (...). Nas tarefas em que os participantes processavam informações com limite de tempo, causando estresse, o grupo que fez um breve treinamento em *mindfulness* teve um desempenho significativamente melhor."

5 A meditação deixa você radiante e alerta

Pesquisadores da Universidade Emory, nos Estados Unidos, compararam o cérebro e as habilidades cognitivas de pessoas que meditam a um grupo que não fazia meditação. No grupo de controle, eles descobriram que os participantes mais velhos tinham precisão e velocidade de resposta mais baixa, como esperado. Mas esse declínio relacionado à idade não foi encontrado em quem medita. Usando técnicas sofisticadas de mapeamento cerebral, eles descobriram que a redução na massa cinzenta que costuma acontecer com a idade foi compensada pela meditação.

CAPÍTULO QUATRO

ASPECTOS PRÁTICOS

Eu já disse isso antes, mas vale a pena repetir: a meditação só funciona se você praticar! Os benefícios só aparecem quando você medita regularmente. Portanto, embora a prática do *mindfulness* possa acontecer a qualquer momento e em qualquer lugar, não há substituto para uma sessão diária de meditação. Esses dez minutos te darão as melhores oportunidades e condições para se familiarizar com o que significa estar consciente. E provavelmente também fornecerão uma calma muito difícil de replicar no dia a dia quando você está começando a praticar. Então, independente de pensar na meditação como um exercício isolado para obter um pouco de clareza mental, a base para a prática do *mindfulness* ao longo do dia ou apenas um novo hobby, a importância de sentar-se para meditar é fundamental.

Não importa se sua mente está agitada ou tranquila, feliz ou triste, estressada ou relaxada. Todos esses estados mentais são pontos de partida adequados para a meditação. O importante é ser capaz de estar consciente daquele estado mental e com uma sensação de tranquilidade, o que só pode ser feito através da prática regular e consistente. E essa experiência tem o potencial de transformar completamente a sua perspectiva de vida.

Lembre-se: estamos falando de apenas dez minutos diários. Na verdade, pouquíssimas pessoas no mundo não têm dez minutos livres todos os dias. Isso não é um trabalho ou uma tarefa adicional (ainda que, estranhamente, as pessoas costumem vê-la dessa forma). Esses dez minutos são o seu momento de relaxar. E provavelmente serão os únicos dez minutos do seu dia em que você não tem absolutamente nada para fazer, exceto estar consciente. Como isso pode ser considerado uma tarefa? Estamos tão acostumados a fazer *algo* que achamos a ideia de não fazer *nada* estranha ou entediante. Você não precisa pensar na meditação como um "trabalho" que está fazendo para si. São apenas dez minutos do seu dia a fim de permitir que seu corpo e mente relaxem enquanto você se familiariza com a ideia de estar presente e consciente.

Antes de chegar aos aspectos práticos, existem alguns assuntos que não podem ser evitados. Logo no começo, eu disse que este livro não diria para você como viver sua vida, e isso continua valendo. As decisões cabem a você. Após praticar a meditação, talvez você decida fazer algumas mudanças positivas em sua vida, e é uma escolha sua. Mas a meditação e o *mindfulness* não estão separadas do resto da vida. A mente nos acompanha a todos os lugares. Mesmo que você fuja para o alto de uma montanha no Himalaia, a mente vai estar lá com você (eu te garanto). Portanto, se a meditação reflete o nosso estado men-

Aspectos práticos

tal diário, então o modo de viver terá impacto significativo na prática da meditação.

Tendo isso em mente, faz sentido aumentar os aspectos da vida que promovem o bem-estar e diminuir os que causam medo, culpa, arrependimento, raiva e similares.

A comparação com os treinos na academia é útil. Você pode ir todos os dias, religiosamente, e se sentir muito bem em relação ao seu progresso, até um professor sugerir que você teria ainda mais benefícios se diminuísse a quantidade das porções enormes de frango frito que come no almoço todos os dias. O mesmo vale para a meditação. Sei, por experiência própria, que minhas escolhas de vida refletem na minha prática. Se eu trato alguém mal, minha mente terá um volume anormalmente alto de pensamentos desafiadores quando eu meditar. Da mesma forma, se eu sair para encher a cara depois do trabalho, existe uma grande chance da meditação se transformar em um sono bêbado. Nenhuma dessas abordagens oferece condições adequadas para estar consciente, vivenciar mais calma ou mais clareza.

E não faz muito sentido treinar a mente se você deixa de lado o bem-estar do corpo. A maioria das pessoas responde muito bem a algum tipo de atividade física todos os dias (até os que não são absurdamente empolgados com exercícios). Na verdade, muitos dizem que a capacidade de aplicar a quantidade certa de esforço à meditação melhora quando fazem alguma atividade antes de meditar. Não precisa necessariamente ser yoga, pode ser qualquer tipo de exercício. Mas é melhor ser algo de que você goste. Da mesma forma, perceba como você se sente após consumir determinados alimentos. Você se sente vigoroso e vivo com alguns, enquanto outros te deixam agitado ou sonolento? Investigue e tire um tempo para observar quais aspectos da sua vida melhoram a clareza mental e quais têm o efeito oposto.

Esses são apenas alguns aspectos práticos que vão te ajudar a estabelecer uma prática frutífera e regular de meditação. Você vai encontrar muitos outros conselhos úteis em nosso site www.getsomeheadspace.com

ENCONTRAR O LUGAR CERTO

Poucos têm o luxo de uma sala exclusiva para meditação, mas, felizmente, é possível aprender a meditar em qualquer lugar. Existem muitos fatores para se ter em mente quando começar. Encontre um lugar onde seja possível ficar sentado, sem distrações, por dez minutos. Isso pode ser complicado em alguns lares, então é importante comunicar esse requisito a sua família. Se não houver alguém por perto para cuidar de crianças pequenas, você precisa esperar que elas durmam para começar, ou praticar de manhã antes que elas acordem. Quando estiver começando, é importante ter esse espaço e esses dez minutos para si. As pessoas costumam se preocupar com a quantidade de ruídos externos, mas conforme já mencionei, eles podem ser incorporados ao exercício. Dito isso, se você puder escolher entre um ambiente barulhento e um silencioso, opte pelo silencioso.

Talvez você prefira usar o mesmo espaço todos os dias. Isso é útil para reafirmar o novo hábito. Além disso, talvez seja reconfortante voltar ao mesmo lugar diariamente. Você também pode achar mais relaxante se o espaço estiver arrumado. Pense na última vez em que entrou em quarto muito bagunçado e em outro bem arrumado. Como você se sentiu nos dois casos? O quarto arrumado traz uma sensação de calma? Para muita gente, sim, então se este for o seu caso, pode ser uma boa ideia manter o quarto (ou pelo menos o espaço que você usa para meditar) limpo e arrumado.

Por fim, embora você possa meditar onde quiser, talvez seja mais confortável ter espaço ao redor. Quando você está espremido em um canto ou preso entre dois móveis, pode ficar um pouco apertado, o que não é muito bom para a mente. A meditação pode ser feita em qualquer lugar. Na verdade, conheço muita gente que medita sentado no vaso sanitário (com a tampa abaixada) por ser o único lugar onde não seriam perturbados.

O QUE VESTIR

O que você veste para meditar não importa, desde que esteja confortável. Esse é apenas um dos muitos fatores que fazem a meditação ser tão flexível. Você pode praticá-la a caminho do trabalho, de terno e gravata, em casa, com roupas de ginástica ou até de pijama. Mas existem algumas dicas para vestuário que podem ser úteis. O mais importante é ter espaço suficiente para respirar. Não adianta ficar sentado para relaxar se estiver usando uma calça jeans apertada, então afrouxe o cinto e até abra um ou dois botões, se necessário. Estar com os pés bem firmes no chão também ajuda, portanto é melhor deixar os saltos de lado. Você não precisa meditar descalço se não quiser, mas provavelmente vai se sentir mais ancorado se os pés estiverem totalmente no chão, além de facilitar a primeira parte do exercício. Por fim, se você estiver usando gravata ou echarpe, é melhor afrouxá-la. Qualquer tipo de restrição pode ser incômoda quando você está sentado tentando relaxar, então faça tudo o que precisar para ficar confortável.

COMO SE SENTAR

Antes de tudo, o que você faz com a mente é mais importante do que o corpo. Ele também tem um papel importante, mas como eu já disse, não há nada de especial em conseguir ficar sentado em uma posição de lótus perfeita no chão se sua mente estiver uma bagunça. Se você pensa em meditar em tempo integral como carreira, então existem benefícios em aprender a se sentar do jeito tradicional. Mas, para a prática diária, é perfeitamente aceitável usar uma cadeira. Tendo estudado em um determinado monastério no qual todas as meditações eram feitas sentadas em cadeiras, posso garantir que a meditação funciona perfeitamente dessa forma. O importante é estar confortável, relaxado e calmo, com uma sensação de estar concentrado e alerta ao mesmo tempo.

Tire um momento para pensar em como o corpo reflete a mente. Se nós estamos muito cansados ou com preguiça, tendemos a deitar, e se estamos empolgados ou vigilantes, precisamos nos manter ativos. Quando sentimos raiva, o corpo geralmente fica mais tenso. Por outro lado, se ficamos muito relaxados, o corpo tende a ficar mais solto. Vale a pena se lembrar desse círculo de

Aspectos práticos

feedback quando ficar sentado para meditar todos os dias. Você está procurando assumir uma posição na cadeira que seja estável, confiante e alerta, e ao mesmo tempo relaxada, que te deixe à vontade. Adotar uma postura física que reflita as qualidades mentais que você gostaria de desenvolver vai deixar o processo muito mais fácil.

Qualquer cadeira pode ser usada para esse fim, mas pode ser mais fácil usar uma com encosto alto, do tipo que se encontra na cozinha ou na sala de estar. Poltronas e sofás são como camas, macios e suaves demais para esse fim. Eles podem dar a sensação de relaxamento, mas dificilmente vão fornecer a sensação de estar alerta. Portanto, uma cadeira que exija um pouquinho de esforço para manter a postura pode ser a melhor opção. Existem algumas sugestões gerais para ficar sentado:

1. É melhor se a coluna estiver reta, mas sem forçá-la.
2. Você pode descobrir que a posição da bacia dita a posição das costas, e muitas vezes ficar sentado em uma almofada pequena ajuda a corrigir a postura.
3. Você pode usar o encosto da cadeira se precisar, mas tente não apoiar as costas nele — pense em termos de "para cima" em vez de "para trás".
4. É melhor se as pernas não estiverem cruzadas e os pés estiverem totalmente no chão, com as pernas um pouco abertas para deixá-los na largura dos ombros.
5. Você pode apoiar as mãos e os braços nas pernas ou no colo, um por cima do outro. Não é preciso fazer qualquer formato especial com os dedos, como você já deve ter visto em algumas fotos antigas. Basta permitir que o peso total dos dedos, mãos e braços esteja apoiado nas pernas.

O guia do Headspace para meditação e *mindfulness*

6. Por mais óbvio que pareça, é bom que a cabeça esteja razoavelmente equilibrada, sem olhar para cima ou para baixo e sem curvar o corpo. Não só essa posição será mais confortável, como você também descobrirá que melhora a capacidade de concentração.
7. Por fim, você provavelmente vai querer fechar os olhos logo no começo para reduzir as distrações. Tudo isso é explicado em mais detalhes na parte que apresenta você ao Take10.

ENCONTRAR O MOMENTO CERTO DO DIA

Existem alguns fatores a se considerar antes de assumir o compromisso com um horário específico do dia para fazer seus dez minutos de meditação. Talvez você acorde meio atordoado de manhã ou esteja sempre com tanta pressa que não consegue se imaginar meditando assim que sai da cama. Ou talvez você fique muito cansado no fim do dia e sabe que a meditação vai inevitavelmente te fazer dormir se for deixada para a noite. Talvez você tenha um cantinho tranquilo no trabalho em que você já está de olho, pensando em dar um jeito de meditar na hora do almoço. Todos nós somos bem diferentes, e é importante encontrar um horário confortável e que funcione para você. Mas existe um horário a ser evitado, se puder: logo depois do almoço. O corpo tende a ficar pesado porque está envolvido no processo de digestão, e é fácil demais dormir. O mesmo também pode acontecer após uma refeição pesada à noite.

Muitas vezes me perguntam qual seria o melhor horário do dia, e eu sempre respondo da mesma forma: não importa se você é uma pessoa matutina ou noturna, o melhor horário

Aspectos práticos

para meditar quando você está aprendendo é assim que acorda de manhã. Um dos motivos mais práticos para isso é que esse horário tende a ser um período mais calmo, quando outras pessoas ainda estão dormindo, então é mais fácil encontrar um local tranquilo para meditar sem ser incomodado. Também é uma oportunidade para permitir que a moleza do corpo vá embora, fazendo você se sentir renovado e em bom estado mental para enfrentar o dia. Mas provavelmente o motivo mais importante é que meditar de manhã significa que você realmente vai meditar. Deixar para o fim do dia pode ser uma estratégia perigosa, já que podem surgir outros compromissos, prazos ou interrupções. E se você deixar para meditar quando chegar do trabalho, talvez queira apenas se jogar no sofá, porque até a ideia da meditação parecerá árdua demais. Na verdade, conheço pessoas que se estressam para encaixar a prática na agenda, adiando para a lista de tarefas do dia seguinte, sem nunca fazê-la. Nesses casos, a primeira decisão que eles tomaram para reduzir o estresse acaba virando uma fonte de estresse. O objetivo definitivamente não era esse!

A ideia de arranjar tempo no início da manhã pode ser assustadora, mas tenha em mente que ainda estamos falando de apenas dez minutos. E são dez minutos que vão definir todo o seu dia. Podemos estar desesperados para dormir mais, mas o repouso profundo que acontece na meditação é muito mais útil e benéfico do que dez minutos extras de sono. Além disso, você estará ciente dele.

Cabe a você decidir o momento mais adequado para meditar, mas dê a si mesmo a melhor oportunidade de fazer com que a prática funcione ao escolher um horário realista no qual você sabe que conseguirá meditar diariamente.

MEDIR O TEMPO

Muita gente sente que programar um timer é a própria antítese da meditação. "Como você pode ter clareza mental quando existe a pressão de fazer isso em um determinado período de tempo?" Mas talvez esse não seja o jeito mais útil de analisar a situação. Existem motivos práticos para usar um timer. Não é incomum dormir durante a meditação. Por isso, é importante que você seja acordado no horário em que pretende terminar a sessão (principalmente se precisa chegar no trabalho na hora). Existe também a questão de saber há quanto tempo você está meditando, porque, às vezes, um minuto parece dez e em outras ocasiões, dez minutos parecem apenas um. Porém, existe um motivo que talvez seja o mais importante de todos.

Quando se trata de meditar, cada sessão é diferente. Um dia você pode achar a mente bastante calma, mas em outro momento ela pode estar muito agitada. Às vezes não há emoção alguma ao redor, mas em outros momentos uma emoção pode aparecer com muita intensidade. Quando você se sente calmo e relaxado, certamente vai conseguir ficar sentado e meditar confortavelmente por dez minutos. Na verdade, após ficar sentado por dez minutos, você pode até decidir que está gostando tanto a ponto de fazer uma sessão de vinte minutos. Por outro lado, se a mente estiver agitada e você estiver irritado com alguma coisa, pode descobrir que não faz sentido continuar, e decidir encerrar imediatamente após alguns minutos.

Aspectos práticos

Se o objetivo da meditação é conhecer a própria mente, você só vai conhecer os aspectos felizes e calmos da mente com esta abordagem, nunca os mais incômodos. Isso pode parecer bem atraente a princípio, mas quando foi a última vez que estar feliz ou relaxado demais causou algum problema para você? São os pensamentos e emoções incômodas que precisamos conhecer melhor. Para compreender a própria mente e viver com uma perspectiva renovada, é importante sempre cruzar a linha de chegada e completar os dez minutos, não importa o que aconteça. Pelo mesmo motivo, nos dias em que você estiver se sentindo ótimo, como se pudesse continuar a meditar para sempre, é melhor parar quando o timer tocar. Assim, você vai desenvolver uma prática mais honesta e útil. Se você quiser repetir o exercício depois, repita, mas continue a seguir a mesma regra de dez minutos para começar.

Como observação final, tente encontrar um timer que não faça você pular de susto quando tocar. Conheci um homem que comprou um timer de cozinha para isso e sentia palpitações sempre que ele tocava. Você pode achar um alarme bom e calmo no seu celular. Basta garantir que o aparelho esteja virado para baixo para não ver a tela, e que esteja no silencioso e com a função de vibrar desligada. A tentação de ver quem acabou de ligar ou mandar mensagem pode ser difícil demais de resistir caso você não faça tudo isso primeiro. Também é recomendável escolher um alarme diferente do que você usa para acordar de manhã. As pessoas fazem associações particulares e até sentem uma forte aversão a ele, então é melhor escolher outro som para sua meditação diária.

A IMPORTÂNCIA DA REPETIÇÃO

A meditação é uma habilidade e, como qualquer habilidade, precisa ser repetida regularmente para ser aprendida e aperfeiçoada. Existe um embalo que você ganha ao praticá-la todos os dias que simplesmente não pode ser replicado. O mesmo acontece quando começamos uma nova rotina de exercícios físicos. Ela exige um compromisso regular para criar embalo suficiente a ponto de fazer parte da rotina diária quase sem precisar pensar. Meditar no mesmo horário todos os dias te ajuda a desenvolver uma prática forte e estável.

Os neurocientistas que estudaram os benefícios da meditação e do *mindfulness* reiteram a importância da repetição em seus trabalhos. Segundo eles, o simples ato de repetir o exercício todos os dias é suficiente para estimular mudanças positivas no cérebro. Na verdade, eles consideram a repetição vital para estabelecer novas relações sinápticas e caminhos neurais. Isso significa que é possível criar padrões de comportamento e atividade mental, além de deixar de lado antigos padrões de atividade mental, o que é igualmente importante. Como boa parte da nossa atividade mental é composta por hábitos, as consequências de meditar realmente podem mudar a sua vida. As pesquisas também mostraram que não importa se a experiência foi percebida como positiva ou negativa pelo praticante de meditação, os efeitos benéficos no cérebro eram registrados da mesma forma. Portanto, mesmo quando você achar que não está indo bem, algo positivo está acontecendo. Não importa como você esteja se sentindo em um determinado dia, tente repetir o processo diariamente, pois a repetição cria a base para existir mais clareza no futuro.

Mesmo que você perca um dia de vez em quando, não desista da meditação. Use isso como oportunidade para fortalecer a determinação e praticar a capacidade de se recuperar e se adaptar às circunstâncias. Os benefícios aparecerão. Como um cliente comentou há pouco tempo: "É difícil dizer exatamente quais são os benefícios. Só sei que nos dias em medito eu me sinto ótimo, e nos dias em que não medito, me sinto um lixo." Comece a observar como você se sente quando medita e como você se sente quando precisa deixar a meditação de lado por algum motivo.

LEMBRAR-SE DE LEMBRAR

As pessoas frequentemente dizem que, embora apreciem o conceito de manter a atenção plena e focada ao longo do dia ou tirar dez minutos para fazer um exercício de meditação, têm dificuldade para se lembrar de cumprir a tarefa. Por um motivo ou outro, o dia passa muito rápido e, quando elas se dão conta, já estão deitadas na cama, preparando-se para dormir, quando subitamente se lembram que não meditaram. E aí elas se sentem culpadas por não meditar, assumem que não têm mais jeito e decidem que talvez a meditação não seja para elas. Antes de fazer isso, veja alguns pontos a serem levados em consideração.

Parte da habilidade de aprender a meditação consiste em se lembrar de praticar, estar consciente e desperto o bastante para perceber que esse é o momento que você reservou para isso. Não se surpreenda se você esquecer algumas vezes no começo, é normal. Mas isso destaca a importância de estabelecer um horário do dia para meditar. Meu palpite é que você raramente se esquece de escovar os dentes, tomar banho, jantar e assistir ao seu programa de TV favorito à noite, certo?

É possível fazer os dez minutos de meditação repetindo o mesmo horário na agenda diária, mas se lembrar de ter atenção focada e plena ao longo do dia pode ser um pouco mais desafiador. Nos eventos do Headspace, nós até distribuímos pequenos adesivos redondos para serem colados nos celulares, computadores, portas de armário e similares para lembrar as pessoas de ter atenção plena e ficar consciente ao longo do dia. Não há nada escrito no adesivo, então ele não tem nenhum significado para outras pessoas. Mas para quem medita, é um convite a estar presente. Se você acredita que o adesivo pode ajudar, pode fazer algo parecido para ajudá-lo a se lembrar.

CONFIAR NA PRÓPRIA EXPERIÊNCIA

É difícil quantificar ou julgar a meditação. Como falei anteriormente, não existe meditação boa ou ruim, apenas meditação consciente ou sem consciência, distraída ou sem distrações. Então, se você fosse julgá-la, teria que usar esses critérios como base. Mas não pense que precisa compará-la com outra sessão ou, pior ainda, com a experiência de outra pessoa. A meditação é uma experiência individual.

Confie na sua experiência e não acredite na opinião alheia. Assim, meditar será uma realidade prática em sua vida. Para citar um professor de meditação muito famoso, não medite apenas porque eu disse que funciona. Experimente e veja se teve algum resultado para você. Medite com consciência e sinceridade, e depois avalie se fez alguma diferença. Caso tenha feito, você ficará um pouco mais confiante para continuar a prática e talvez até meditar um pouco mais de tempo a cada dia. Se não parece fazer diferença no começo, espere um pouco mais. Meditar apenas uma ou duas vezes é como ligar a cafeteira quando você está experimentando um novo tipo de café. É preciso esperar a água esquentar, fazer o café e prová-lo para poder dizer se o resultado foi bom ou não. Por isso, eu geralmente recomendo meditar por um mínimo de dez dias antes de descartar completamente a prática.

O QUE FAZER SE VOCÊ FICAR DESCONFORTÁVEL OU AGITADO

É muito comum ficar um pouco agitado ou inquieto quando se medita, e vale a pena relembrar a analogia do cavalo selvagem nessas situações. Se você estava ocupado com outras tarefas ou apenas pensando muito, é pouco provável que a mente se acalme imediatamente. Ela criou um embalo e levará alguns minutos para se acalmar, então é normal sentir esse movimento físico e mentalmente. Lembre-se da ideia de dar espaço para a mente e permitir que ela chegue a um estado natural de tranquilidade no seu tempo, como descrevi anteriormente.

Quando estiver perto do fim da sessão de meditação (não importa por quanto tempo você esteja praticando), talvez sinta um certo desconforto e pode notar que isso acontece em um dia, mas não se repete no outro. Vale a pena estar consciente dessas mudanças e ver se a dor física reflete o seu estado mental de alguma forma. Consulte também a história "A reversão", na página 70, pois ela é uma ótima forma de lidar com de qualquer tipo de desconforto. A menos que você tenha um problema grave de dor nas costas, ficar sentado em uma cadeira por um breve período não deve apresentar grandes desafios fisiológicos. Apesar disso, para a maioria das pessoas, não é incomum ficar sentado e quieto, sem distrações. Portanto é inevitável ficar consciente de pequenos desconfortos no corpo que não seriam percebidos no dia a dia. É importante lembrar que esse desconforto já existia antes de você meditar. A meditação só lançou a luz da consciência sobre ele para que você possa vê-lo de forma mais nítida. Isso parece ruim, mas na verdade é uma ótima notícia porque precisamos ver o desconforto com clareza para abrir mão dele. É quase como se, ao testemunhar o desconforto vindo à superfície, você pudesse vê-lo partir. Não preciso dizer que você deve consultar o médico caso tenha dores crônicas ou agudas de qualquer tipo. Mas não use um leve desconforto como desculpa para não meditar, pois nunca se sabe quando a clareza mental pode surgir.

REGISTRAR O FEEDBACK

Seja em um caderno ou no diário ao final deste livro, registrar sua experiência de meditação pode ser muito útil no começo. Do contrário, ela pode se perder com rapidez e se misturar a outros sentimentos antes e depois da meditação. Não é uma questão de julgar quantos pontos você fez, mas de registrar suas descobertas no estilo "o que eu vi quando saí para caminhar".

Aspectos práticos

E lembre-se: não se trata de ver um aumento no foco e na clareza todos os dias, mas de observar o que acontece no seu corpo e mente quando você medita. O simples fato testemunhar essa transição, dia após dia, pode levar a um jeito mais tranquilo de enxergar a vida, além de uma disposição maior de aceitar a mudança e fazer parte dela. Costumamos dizer, com frequência, que somos um tipo de pessoa, mas ao fazer este exercício com honestidade, você vai perceber que somos muito mais do que um tipo. Estamos sempre mudando, de um momento para outro, de um dia para outro. E quando você enxergar isso com clareza, certamente ficará mais difícil se apegar a uma visão fixa sobre si mesmo. O resultado é uma sensação maior de liberdade por não precisar mais seguir os padrões de sempre ou se agarrar a uma determinada identidade.

CAPÍTULO CINCO

DEZ SUGESTÕES PARA VIVER COM A ATENÇÃO MAIS FOCADA

Seria fácil dedicar um livro inteiro às formas de aperfeiçoar a prática de meditação, mas preferi sugerir as que considero mais importantes. Espero que elas ajudem a fortalecer a prática do *mindfulness* no seu dia a dia. Não preciso dizer que o tema que permeia todo este capítulo é a consciência, uma compreensão tanto de si quanto dos outros. É uma questão de desenvolver a curiosidade gentil: observar, perceber e prestar atenção no que está acontecendo em todos os aspectos da sua vida, como você age, fala e pensa. Mas lembre-se: não é uma questão de ser outra pessoa, mas de ficar confortável com quem você é agora.

PERSPECTIVA — ESCOLHER COMO VER A VIDA

Para que a meditação seja eficaz, não importa como você vê a vida. Contudo, pode ser útil ter uma ideia geral para evitar à tendência a cair em padrões negativos de pensamento. Esse aumento na consciência representa o potencial para obter mudanças sustentáveis.

Também é útil observar a variação de perspectiva: um dia você pode entrar em um trem lotado e nem ligar, enquanto em outro momento isso pode te irritar de todas as formas possíveis. O bom dessa percepção está em saber que a maior dificuldade não é causada pelo que acontece *fora*, mas pelo que acontece *dentro* da sua mente, que pode ser mudado (ainda bem!). Observar essa alteração de perspectiva no cotidiano e a cada momento pode ser um forte aliado na sua meditação diária.

COMUNICAÇÃO — RELACIONAR-SE COM OUTROS

Se você quiser encontrar mais felicidade na prática de meditação, descontar as frustrações nos outros dificilmente vai estimular uma mente calma e clara. Portanto, comunicar-se com maestria e sensibilidade é essencial na jornada para obter a clareza mental. Para isso, pode ser necessário aplicar mais autocontrole, empatia ou perspectiva em seus relacionamentos — talvez até os três ao mesmo tempo!

Dito isso, existem pessoas que vão escolher brigar, não importa o quão bem-intencionado *você* esteja. Nessas situações, não há muito o que fazer. Tentar sentir empatia por ela e reconhecer estados mentais semelhantes que existem em você pode ser útil, mas se alguém for desagradável de modo consistente, talvez seja melhor se afastar, caso seja possível.

Dez sugestões para viver com a atenção mais focada

GRATIDÃO – RECONHECER O QUE HÁ DE BOM NA VIDA

Você já notou o foco que algumas pessoas dão para as menores dificuldades da vida e como elas gastam *pouco* tempo refletindo sobre os momentos felizes? Esse comportamento remonta à ideia de que a felicidade é "nossa por direito" e, portanto, qualquer sensação diferente dela está errada ou fora do lugar.

A ideia de tirar um tempo para a gratidão pode parecer banal para algumas pessoas, mas é importantíssima para obter mais clareza mental. É difícil se envolver em devaneios e distrações mentais quando existe um sentimento forte de gratidão em sua vida. Ao desenvolver um apreço mais sincero pelo que *nós* temos, também começamos a ver com mais clareza o que está faltando na vida de outras pessoas.

GENTILEZA – COM VOCÊ E COM OS OUTROS

Ser gentil com alguém traz uma sensação boa. Não é difícil de entender. Você se sente bem e ajuda outra pessoa. Isso deixa sua mente muito feliz e tranquila. Já que estamos falando disso, que tal direcionar um pouco dessa gentileza para si, principalmente na prática do *mindfulness*? Vivemos em um mundo com expectativas tão altas que podemos ser muito críticos em relação ao nosso progresso quando aprendemos algo novo.

Felizmente, a meditação traz à tona a gentileza nas pessoas. Além disso, praticar a gentileza no dia a dia vai influenciar positivamente sua meditação. A gentileza deixa a mente mais suave, maleável e fácil de trabalhar, criando a mentalidade de julgar menos e aceitar mais. Isso tem consequências profundas e visíveis para os nossos relacionamentos.

COMPAIXÃO – COLOCAR-SE NO LUGAR DOS OUTROS

A compaixão não é algo que podemos "fazer" ou "criar". Ela existe em cada um de nós. Se você relembrar a analogia do céu azul, verá que o mesmo princípio se aplica à compaixão. Na verdade, pode-se dizer que o céu azul representa a consciência e a compaixão ao mesmo tempo.

Às vezes, a compaixão surge de modo espontâneo como as nuvens que se abrem para revelar o céu azul. Em outros momentos, será preciso fazer um esforço consciente e *imaginar* o céu azul, mesmo quando ele estiver oculto pelas nuvens. Mas quanto mais você imagina esse cenário, maior será a probabilidade que ele aconteça naturalmente. A compaixão é bem parecida com a empatia, porque nos colocamos no lugar do outro e compartilhamos um sentimento de compreensão.

EQUILÍBRIO – UMA NOÇÃO DE ESTABILIDADE EMOCIONAL

Assim como o mar, a vida é cheia de altos e baixos. Às vezes, ambos são calmos e serenos, mas em outros momentos, as ondas podem ser tão grandes que ameaçam nos afogar. Essas flutuações são inevitáveis e fazem parte da vida, mas quando você se esquece desse simples fato, é fácil ser levado por fortes ondas de emoções difíceis.

Ao treinar a mente através da meditação, é possível desenvolver uma abordagem mais equilibrada e ter uma noção maior de estabilidade emocional na vida. Não confunda isso com viver de forma entediante, flutuando por aí como uma bolha cinza e sem emoções. Na verdade, é o oposto. Ter mais consciência de suas emoções significa que, no mínimo, a sua experiência da vida será mais rica.

ACEITAÇÃO — RESISTIR É INÚTIL

Não importa o quão favoráveis sejam as suas circunstâncias, a vida às vezes pode ser estressante e desafiadora. Tentamos ignorar esse fato com frequência, e ficamos frustrados e decepcionados quando algo não acontece do jeito que gostaríamos. Como fizemos ao falar da compaixão, pode ser útil retomar a analogia do céu azul ao refletir sobre a aceitação.

A jornada rumo à aceitação é sobre descobrir o que precisamos abandonar em vez do que precisamos começar a fazer. Ao perceber os momentos de resistência ao longo do dia, você vai ficar mais consciente do que impede que a aceitação surja *naturalmente*, além de ver os pensamentos e sentimentos que aparecem durante a meditação com muito mais facilidade.

COMPOSTURA – ABRIR MÃO DA IMPACIÊNCIA

Muitas pessoas têm uma vida tão agitada e caótica que um pouco de impaciência talvez seja inevitável. Nesses momentos, você pode observar a mandíbula se contraindo, o pé batendo ou a respiração ficando cada vez mais entrecortada. Mas ao *perceber* a impaciência com uma curiosidade sincera, sua própria natureza começa a mudar. De alguma forma, o embalo diminui e ela perde a força.

A impaciência pode aparecer na prática da meditação, assim como acontece no dia a dia, uma refletindo a outra. Na verdade, se você for como a maioria das pessoas, pode muito bem se perguntar: "Por que os resultados não aparecem mais rápido?" Lembre-se: a meditação não é sobre a conquistas e resultados e, justamente por isso, representa uma excelente mudança no ritmo da vida. Ela diz respeito a aprender a ter consciência e descansar nesse espaço com uma facilidade sincera.

DEDICAÇÃO – MANTER-SE FIRME

O *mindfulness* representa uma mudança fundamental no jeito de se relacionar com os pensamentos e sentimentos. Embora isso pareça empolgante ou um pouco assustador, é o que acontece quando você faz um pouquinho dos exercícios a cada dia. Isso significa praticar a meditação regularmente, não importa como você se sinta. Como acontece com as outras habilidades, quanto mais você praticar, maior será a confiança e a familiaridade com a sensação de atenção plena.

Ao se dedicar assim, aos poucos e com frequência, você vai construindo uma noção estável de consciência na meditação, que se expandirá naturalmente para os outros aspectos da vida. Da mesma forma, ter mais atenção plena no dia a dia afetará positivamente a sua prática. Se você tiver uma motivação realmente clara, sabendo por que está aprendendo a meditar e quem são as pessoas ao seu redor que vão se beneficiar com o fato de você ter mais clareza mental, então provavelmente não será difícil ficar sentado meditando dez minutos por dia.

PRESENÇA – VIVER COM MAESTRIA

Viver com maestria significa ter a presença mental de se controlar quando estiver prestes a dizer ou fazer algo de que vai se arrepender depois. Também significa ter uma consciência forte e estável para agir com sensibilidade em situações difíceis, em vez de reagir impulsivamente. Portanto, viver com maestria exige uma boa dose de sabedoria.

Infelizmente, a sabedoria não pode ser ensinada em um livro, não importa o quão profundo seja o texto, porque isso envolve uma compreensão *experimental* da vida, que a meditação pode ajudar a melhorar. Da mesma forma que fizemos com a compaixão e a aceitação, também podemos usar a analogia do céu azul com a presença. A sabedoria não é algo que você possa "fazer" ou "obrigar que aconteça": ela está presente em todos. Ao se familiarizar mais com esse espaço dentro de nós e confiar mais plenamente em nossos instintos, podemos aprender a *aplicar* essa sabedoria no cotidiano. Ou seja, podemos começar a viver no mundo com mais maestria.

CAPÍTULO SEIS
HISTÓRIAS DA CLÍNICA

James, 40 anos

James é casado e tem três filhos. É um homem de negócios bem-sucedido e vive bem, embora trabalhe muito. Por isso, talvez você se surpreenda ao descobrir que James veio à clínica porque sofria de ansiedade. Nós nos esquecemos de algo importante: o que está por fora é, geralmente, bem diferente do que acontece dentro de cada um.

James explicou seus problemas. Ele temia que a esposa saísse com outra pessoa, que os filhos se machucassem, além de se preocupar com a saúde dos pais, da sua empresa, com as pessoas que trabalhavam para ele e também consigo mesmo. James ia ao médico com frequência e sempre usava a internet para tentar determinar qual doença tinha.

As pessoas sempre diziam que ele tinha sorte, uma vida incrível, então como explicar esse estado de ansiedade constante? Da mesma forma, como explicar que ter tudo só o deixava mais nervoso, pois havia muito mais a perder? Segundo ele, só de pensar nisso, a ansiedade piorava. E depois vinha a culpa, como se ele fosse idiota por se sentir assim. E depois, o medo de enlouquecer.

James teve a ideia de meditar após ter visto uma reportagem na televisão. Embora tenha parecido meio "esotérico", ele estava disposto a tentar de tudo. Nem preciso dizer que ele chegou à clínica com muitos dos preconceitos comuns sobre a meditação, imaginado que o objetivo era tentar impedir os pensamentos e limpar a mente dos sentimentos desagradáveis. Mas ele também veio com a mente aberta e disposição para aprender. Na verdade, ele estava tão animado que procurava aplicar as técnicas sempre que possível. Ele praticava o *mindfulness* ao se exercitar na academia, ao fazer as refeições e até cuidando de seu filho pequeno. Em pouco tempo, James passou a meditar por uns vinte minutos todos os dias.

Embora o entusiasmo nem sempre defina o resultado, isso fez uma grande diferença no caso de James. Ao longo do tempo, eu o vi ficar cada vez mais tranquilo em relação aos próprios sentimentos. Nós trabalhamos com várias técnicas, algumas genéricas e outras específicas para ansiedade. E concentramos o foco na **relação** do James com os pensamentos ansiosos. Ele sempre os via como um "problema", algo do qual "precisava se livrar", e criou tanta resistência a esses pensamentos que passava basicamente o dia inteiro lutando contra eles. É uma reação comum, mas ao resistir a eles, James não só ficava tenso como piorava a situação ao tratá-los como algo tangível.

Histórias da clínica

Por isso, James se surpreendeu quando pedi que ele meditasse menos sobre a ansiedade em si, pois ela tende a ir e vir naturalmente, e se concentrar na **resistência** dele à ansiedade. Após um tempo, ele percebeu que a obsessão em controlar a ansiedade alimentava a própria ansiedade. Quando ficou consciente dessa tendência, a situação começou a melhorar um pouco.

A sensação de ansiedade não parou imediatamente, mas James mudou a forma de se relacionar com ela. Aos poucos, ele desistiu de lutar para se livrar dos pensamentos e deixou a sensação de ansiedade fluir mais. Nesses poucos meses de prática, notei que James passou a ver um pouco de humor em tudo e não levar a si mesmo ou seus pensamentos muito a sério. Na verdade, ele até começou a contar alguns desses pensamentos para outras pessoas. E se surpreendeu quando a esposa ficou aliviada com tudo isso, pois sempre o achou "bem resolvido", enquanto ela era a "louca". Saber que ele também tinha aqueles sentimentos tirou um pouco da pressão em casa. E ele até fez piadas sobre sua ansiedade com os amigos no bar.

Eu encontrei James por acaso, outro dia. Como era de se esperar, o entusiasmo pela meditação se manteve e ele ainda praticava todas as manhãs. Embora ainda se preocupasse em algumas situações, isso não o incomodava da mesma forma. Ele não se identificava mais com a sensação de ansiedade tão intensamente. E o mais importante: James não estava mais temeroso ou preocupado, o que significava que não precisava gastar uma quantidade imensa de tempo e energia tentando se livrar desses sentimentos. E o mais irônico: ele contou, com humor, que desde que parou de lutar com esses sentimentos, eles não apareciam mais com tanta frequência.

Rachel, 29 anos

Rachel veio à clínica porque começou a ter dificuldade para dormir. Ela procurou o clínico geral, que receitou remédios, mas ela estava relutante em tomá-los.

Nós conversamos sobre as possíveis causas do problema. Rachel pensou que tinha a ver com o estresse no trabalho. Ela também se mudou para a casa do namorado e o fato de trabalhar demais gerava brigas. Ele até entendia, mas achava que faltava equilíbrio entre a vida e a carreira.

Rachel se referia ao seu problema como "insônia". Eu perguntei se ela dormia bem e a resposta foi que sim, às vezes dormia muito bem. Isso parecia descartar a insônia, que tende a ser consistente e crônica. Perguntei se Rachel se lembrava da primeira vez em que isso aconteceu. Segundo ela, houve um dia particularmente difícil no trabalho, uns seis meses antes, em que ela só chegou em casa à meia-noite porque estava se preparando para uma apresentação importante no dia seguinte. Ao encontrar o namorado dormindo, Rachel se sentiu culpada e um pouco solitária.

Nesse dia, ela ficou muito ansiosa ao se deitar na cama, com vários pensamentos ocupando sua mente.

Ela ficou preocupada, pois queria estar bem e ter o melhor desempenho no dia seguinte, mas quanto mais Rachel pensava nisso, menos o sono vinha. Em pouco tempo, a ansiedade se transformou em frustração. Primeiro, ela ficou com raiva do chefe, depois do namorado e, por fim, sentiu raiva de si mesma.

Histórias da clínica

A apresentação foi bem no dia seguinte, e a empresa conseguiu o contrato. Mas ela ficou péssima, mesmo tendo contribuído tanto para o resultado positivo. O que a assustou mais foi pensar que "aquilo" poderia acontecer de novo. Ao chegar em casa, Rachel já tinha planejado uma estratégia apara dormir: tomar banho e ir direto para a cama. Mesmo cansado, seu corpo não estava acostumado a dormir tão cedo, então ela passou muito tempo acordada e começou a entrar em pânico, achando que "aquilo" ia se repetir e ela passaria outra noite em claro. E foi o que aconteceu. Às vezes ela dormia rapidamente, mas por ter desenvolvido um padrão de ficar cada vez mais ansiosa em relação a não dormir, isso a levava a realmente perder o sono.

Após garantir a Rachel que a dificuldade com o sono é muito comum, eu apresentei a abordagem básica da meditação e recomendei que ela praticasse dez minutos por dia. Embora ela tenha estranhado a recomendação para meditar de manhã quando os problemas aconteciam à noite, eu expliquei que a mente não funcionava assim. O mais importante era manter uma prática diária e estável.

Também pedi que ela cuidasse da "higiene do sono", o jeito de se preparar para dormir. Recomendei usar o quarto apenas para dormir (além de estar com o namorado, é claro). Isso ajuda a fortalecer a associação entre ir para a cama e dormir. Pedi também que evitasse cochilar durante o dia e expliquei a importância de desenvolver um horário regular para o sono, dormindo e acordando no mesmo horário todos os dias, até nos fins de semana. Isso pode parecer radical, mas para o corpo e a mente aprenderem novos hábitos, é preciso repeti-los muitas vezes.

Outra recomendação foi a de evitar programas estimulantes na televisão ou jogar no computador tarde da noite, pois ambos costumam deixar a mente agitada. Também falamos da alimentação e da importância de comer pelo menos duas horas antes de dormir para que o corpo tenha tempo de fazer a digestão. Por fim, conversamos sobre a importância de ter um despertador antigo e deixar o celular em outro cômodo à noite para não ficar tentada a olhar os e-mails.

Na primeira semana, Rachel ficou muito animada por ter dormido bem várias noite seguidas. Mas, na segunda semana, os monstros voltaram e ela ficou impaciente com o próprio progresso. Nós discutimos a abordagem mais uma vez e o que era preciso fazer para obter os melhores resultados, e na terceira semana ela começou a ver um progresso legítimo.

Continuamos a nos ver por alguns meses, trabalhando as técnicas até chegar àquelas voltadas especificamente para o sono (que você encontra na página 198). Às vezes ela tinha uma noite ruim, mas, no geral, Rachel estava muito mais confiante. Talvez a maior mudança tenha sido na sua perspectiva em relação ao sono, que não importava mais tanto assim. Olhando para trás, Rachel não conseguia entender como tinha levado tudo aquilo tão a sério. Ela também reconhece que nem sempre terá um sono perfeito, mas tudo bem, pois está feliz em seguir com a maré. Essa mudança é que fez a abordagem ser verdadeiramente sustentável.

Histórias da clínica

Pam, 51 anos

Pam foi encaminhada à clínica pelo seu clínico geral, pois tomava antidepressivos há mais de três anos e havia tentado várias estratégias para dominar os próprios sentimentos. Ela trabalhava em tempo integral e, além do clínico geral e do gerente de recursos humanos da empresa, ninguém mais sabia dos seus problemas. Segundo ela, a depressão apenas "estava lá", deixando tudo sombrio e sem propósito.

Pam tinha filhos adultos que moravam em outras partes do país e estava divorciada há dez anos. Um dos motivos para me procurar era o desejo de diminuir a medicação. Com apoio do médico, ela planejava reduzir lentamente a dosagem em um processo que poderia levar um ano. Pode parecer muito tempo, mas interromper o uso de antidepressivos bruscamente pode ter consequências bem graves, então é importante fazê-lo com orientação médica. Além disso, estudos mostram que a probabilidade de recaída é muito menor se a retirada do remédio for gradual — outro ponto positivo dessa abordagem. Pam leu no jornal que a meditação era ótima para tratar a depressão e estava disposta a tentar.

No cerne dos problemas da Pam estava a sensação de que nada dava certo e tudo era "sua culpa". Na verdade, ela reforçava essas ideias de modo impressionante. Essa noção de identidade ficou tão forte que era o único prisma pelo qual ela conseguia se enxergar. Mas enquanto ela alimentasse e se envolvesse nesses pensamentos, não teria como se livrar de depressão.

Passamos muito tempo falando sobre a possibilidade de se afastar dos pensamentos para criar um pouco mais de espaço. Eu disse que não era preciso se identificar tanto com esses pensamentos, pois eles não representavam quem ela era de verdade, e que eram influenciados pela depressão. Também conversamos sobre a analogia do céu azul. Quando alguém está deprimido, a própria noção de felicidade pode parecer risível. As nuvens receberam tanta atenção e importância que ficaram carregadas e sombrias demais. Para muitas pessoas nessa posição, é difícil se lembrar de um momento em que o céu azul estava presente, que dirá pensar na possibilidade de existir um agora. Mas a analogia é importante, pois enquanto você buscar a felicidade ou clareza mental externamente, a depressão vai sumir apenas momentaneamente, além de intensificar a percepção de estar sentindo algo "errado" de alguma forma.

Não foi um processo fácil para Pam, mas, pouco a pouco, as nuvens começaram a se dissipar e ela conseguiu enxergar um pouco do céu azul. Como a depressão estava muito arraigada, as nuvens voltavam no início, mas por ser um hábito, significa que ele podia ser desaprendido. E quanto mais Pam enxergava os pedaços de céu azul, mais ela percebia que a depressão não era algo permanente. Ela não conseguia ignorar os momentos de calma e felicidade que surgiam aos poucos em sua vida, não importa o quanto eles fossem fugazes. Ao mesmo tempo, com a ajuda do médico, ela foi reduzindo o remédio até estar pronta para interromper totalmente seu uso. Após seis meses, houve uma relutância em abandonar a medicação. Pam sentia que o remédio fazia parte de sua identidade e temia que pudesse virar outra pessoa ao interrompê-lo. Era uma questão de abrir mão daquela identidade. Depois de um ano, entretanto, ela estava mais do que pronta para interromper o antidepressivo. Segundo Pam, era como se despedir de um velho amigo, mas ela estava feliz com essa separação.

O fato de Pam estar disposta a entender e fazer as pazes com os sentimentos permitiu que ela abrisse mão deles. E ela fez isso sozinha, reservando alguns minutos diários para ficar sentada com a própria mente, não importando como se sentisse. Pam continua falando comigo por e-mail e está indo bem. De vez em quando, ela passa alguns dias se sentindo infeliz e teme que a depressão volte. Mas Pam aprendeu que, enquanto permanecer consciente e lembrar que são apenas pensamentos, ela nunca mais será prejudicada por eles.

Clare, 27 anos

Às vezes as pessoas vêm à clínica porque desejam acrescentar ou melhorar um aspecto específico das suas vida. Pode ser um atleta profissional em busca de uma vantagem competitiva ou um artista ou escritor tentando acessar o seu potencial criativo. Clare veio à clínica com a intenção de "conectar-se com suas reservas criativas", como ela gostava de dizer. Para Clare, a criatividade estava sempre presente, mas ela não conseguia acessá-la por ter a mente agitada. Essa visão é bem parecida com a analogia do céu azul. Não precisamos "criar" a criatividade, apenas permitir que ela venha à tona.

Clare se envolvia em diversas atividades. Ela compunha músicas e tocava um instrumento, além de escrever e ter até um livro publicado. Ela também pintava, desenhava e fazia esculturas. Era uma artista em todos os sentidos da palavra e visivelmente boa nisso. Porém, com tantos projetos simultâneos, ela não conseguia manter uma ideia por tempo suficiente para desenvolvê-la até o fim. Por isso, a casa e o estúdio dela ficavam cheios de versos, composições e obras de arte inacabadas.

O maior desafio de Clare ao praticar o Take10 era observar quando a mente divagava, e ela divagava muito. Clare tinha dificuldade até para contar a respiração até dois ou três. Pense nos elos de uma corrente: um pensamento surge e, se for visto com clareza à luz da consciência, não terá para onde ir, perderá o impulso e o foco permanecerá no objeto de meditação. Mas se o primeiro pensamento for tão interessante a ponto de você perder toda a consciência, será criado um segundo pensamento e depois um terceiro, quarto, e talvez existam tantos elos na corrente que vão se passar cinco minutos até você perceber que a mente divagou. Ao repetir o exercício diariamente, o tamanho da corrente vai ficando cada vez menor. A mente ainda pode divagar, mas você vai perceber um pouco antes de isso acontecer e poderá não se envolver na história.

Histórias da clínica

Além da dificuldade para manter o foco, Clare também não conseguia tirar dez minutos diários para meditar. Ela disse que até gostaria de fazer isso, mas outras atividades a impediam. Algumas questões realmente exigem atenção imediata, mas eu diria que poucas situações na vida não podem esperar dez minutos. Para ajudar a Clare, eu sugeri que ela colocasse a meditação na agenda todos os dias. Era um jeito simples de dizer "isso é tão importante quanto as outras partes da minha rotina". E também pedi a ela para anotar sempre que perdia uma sessão — apenas uma frase breve dizendo por que não ia meditar. Isso não era algo a ser feito no final do dia. O objetivo era anotar no exato momento o que estava prestes a fazer e não podia esperar dez minutos. Clare achou esse exercício particularmente útil e sempre que ia escrever uma desculpa no livro, o motivo parecia tão bobo que ela acabava meditando os dez minutos.

Depois eu pedi a Clare para escolher algumas atividades que ela fazia regularmente e nas quais poderia exercitar o *mindfulness*, como beber um copo de suco de manhã, escovar os dentes ou preparar a mesa para o trabalho. A ideia não era fazer a atividade concentrando-se na respiração, mas usá-la como suporte para estar presente e no momento. Se ela estivesse escovando os dentes, o foco estaria na sensação física da escova na boca, no gosto ou cheiro do creme dental e até no som da escova se movendo para frente e para trás. E se a mente devaneasse em algum momento, ela percebia e redirecionava o foco para os sentidos físicos. Clare gostou de fazer isso e acrescentou uma nova atividade a cada semana. Ao final de dez semanas, ela conseguiu vários momentos de atenção plena ao longo do dia. O efeito cumulativo disso, além dos dez minutos diários de meditação, não pode ser subestimado. Para Clare, esses momentos serviam para se reorganizar, conferir se estava se desviando para outras ideias e para voltar ao que estava trabalhando no momento.

John, 45 anos

John estava na clínica por apenas um motivo: a esposa ameaçou ir embora se ele não controlasse a raiva. John não tinha um relacionamento fisicamente violento com a esposa ou com os filhos, mas havia elementos de agressão verbal e *bullying* em casa. Na verdade, John também era agressivo com desconhecidos, empurrando pessoas em filas de lojas, dirigindo como louco e ficando transtornado quando algo não saía conforme desejava. Ele era hipertenso e volta e meia sentia um aperto no peito.

John sabia que seu comportamento era irracional, mas era como se uma névoa vermelha surgisse do nada e o controlasse. Ele cresceu em uma casa em que emoções não eram discutidas e nem expressadas. Perder o emprego parece ter sido o gatilho para tudo isso: além de gerar um estresse adicional na família, John odiava o fato de não ter o que fazer e parecia perdido, sem propósito na vida.

Histórias da clínica

Sugeri que o John experimentasse a meditação por duas semanas. Se não visse benefício algum, ele falaria com a esposa e discutiria outras opções. Eu ensinei o exercício de dez minutos e falei brevemente sobre o tipo de atitude que funcionava melhor para realizá-lo.

Quando John voltou à clínica na semana seguinte, disse que em vez de acalmá-lo, a meditação o deixou com mais raiva. Quando fazia o exercício, ele só conseguia sentir raiva, e todos os pensamentos pareciam refletir o que sentia.

Ele tinha raiva do chefe que o demitiu, mas acima de tudo sentia raiva de si mesmo. Também sentia raiva por não conseguir controlar os pensamentos e ser cruel com as pessoas que amava. Ele sentia muita raiva por não ter virado a pessoa que imaginava ou que gostaria de ser. Expliquei que meditar não piorou a situação, mas pode ter dado a ele uma consciência maior de toda a raiva que sentia. E falei que reagir à raiva com mais raiva, embora seja compreensível e instintivo, não era exatamente útil.

Perguntei ao John como ele reagia quando a filha mais velha ficava com raiva. Nessas situações em que ela estava realmente transtornada, tudo o que ele queria era abraçá-la, caso a menina permitisse. Por experiência própria, ele sabia que nenhuma palavra poderia ajudar, bastava estar presente para tranquilizá-la. Então pedi para que ele tirasse um momento e pensasse como ele se sentiria se tratasse a própria raiva dessa forma, apenas deixando que ela aconteça, sem julgamentos ou críticas. Então ele começou a chorar. Embora fosse evidentemente desconfortável e até embaraçoso para ele, foi incontrolável. Ele disse que não percebia o quanto era rígido e se criticava o tempo todo em relação ao que estava sentindo.

Então fizemos um acordo: o curso de meditação não diria respeito a se livrar da raiva, mas de recebê-la com gentileza e compreensão. A tarefa dele era notar sempre que tinha raiva de si mesmo e, naquele momento de percepção, em vez de sentir raiva de si mesmo por ter ficado com raiva, dar um pouco de espaço a esse sentimento. E caso percebesse que estava saindo do controle, ele deveria se lembrar de como reagiria se aquela raiva fosse da sua filha. John concordou e até começou a meditar duas vezes por dia enquanto não arranjava um emprego. Ele achava o exercício desafiador e frequentemente se via com raiva de novo, mas quando se lembrava de lembrar a si mesmo, era como se tudo ficasse um pouco mais suave de repente.

Nós trabalhamos com várias técnicas específicas para a personalidade de John ao longo dos meses, mas a tarefa simples e desafiadora de receber a raiva com gentileza era o cerne de todas. Fico feliz em dizer que ele continua muito bem casado e arranjou um emprego. Não é que tenha acontecido um milagre e ele nunca mais tenha sentido raiva, mas a vida parece mais confortável e, caso John se enfureça, agora tem outra perspectiva e consegue lidar melhor com a situação.

Histórias da clínica

Amy, 24 anos

Amy tem uma filha pequena e veio à clínica após consultar o clínico geral sobre vários problemas de saúde. Ela estava abaixo do peso, tinha parado de menstruar e seu cabelo estava caindo. Era uma mulher determinada, mas parecia carregar o peso do mundo nas contas. Amy tinha dificuldade para criar a filha sozinha e, embora quisesse um relacionamento, não acreditava que alguém se interessaria por uma mulher com filhos. Amy se preocupava muito com seu corpo. Ela se exercitava pelo menos uma vez ao dia, tinha uma dieta pobre, tanto na quantidade quanto em termos nutricionais, e definitivamente não tinha uma relação saudável consigo mesma.

Eu notei que Amy apresentava lesões nas mãos e pensei que poderia ser eczema, mas ela disse que tende a lavar muito as mãos quando fica estressada e acaba se machucando de tanto esfregar. Perguntei com que frequência ela fazia isso. Segundo Amy, sempre que tocava em algo em público. Ela sabia que não era bom, mas só fazia isso quando ficava estressada. Amy considerava a queda de cabelo e a falta de menstruação como seus principais problemas. Então, após concordar em fazer outra visita ao clínico geral, nós decidimos que ela viria à clínica uma vez por semana.

A disciplina da Amy foi muito útil para começar a meditar e ela dificilmente perdia uma sessão. Mas fazer a meditação é apenas o começo, aplicar a mente do jeito certo é outra questão. Amy era uma crítica radical de si mesma e achava difícil ficar sentada e observar os pensamentos sem julgá-los.

A maioria dos pensamentos parecia ser sobre o exercício em si, como se houvesse um comentário constante em relação ao seu progresso. Amy recaiu em um padrão de pensamento sobre pensar, que não deixava a mente ficar tranquila. Ela também parecia se "corrigir" o tempo todo, tentando criar o estado mental perfeito que ela imaginava ser necessário para meditar.

Se você nunca meditou, pode achar estranho que as pessoas ainda pensem dessa forma, mesmo sabendo que não funciona. Mas os padrões mentais podem ser muito arraigados e, às vezes, mesmo quando nos ensinam a agir de outra forma, não conseguimos fazê-lo. Isso é interessante no ato de meditar: ele reflete a sua relação com o mundo. Portanto, a experiência de meditação de Amy refletia a atitude dela em relação à vida. Apesar dessa abordagem, ela fez avanços importantes no sentido de perceber por que vivia daquele jeito. Ela ficou mais consciente da falta de autoestima e da tendência a se comparar fisicamente com suas alunas, mesmo sendo mais de dez anos mais velha que elas. Amy também ficou mais consciente dos padrões arraigados de pensamento que frequentemente a levavam a agir de modo obsessivo. Nós trabalhamos com técnicas para estimular a gentileza e a compaixão em relação a si mesma, usando os mesmos elementos básicos do Take10, mas que foram desenvolvidas para se adaptar melhor à personalidade e características de cada pessoa.

Histórias da clínica

Amy vem meditando há mais de três anos. As percepções que ela teve no início continuaram se desenvolvendo e ela fez mudanças notáveis no jeito que sentia em relação a si mesma. Ela ainda está abaixo do peso, mas não corre mais perigo e continua se exercitando todos os dias, dizendo que agora é mais por prazer do que por punição. Além disso, sua menstruação voltou a descer. Embora Amy reconheça mudanças óbvias como ter uma vida mais saudável e uma perspectiva mais equilibrada, mudar como ela se sente em relação a si mesma foi o maior avanço. É como se ela tivesse encontrado algo interno capaz de lembrá-la que está bem, não importa como ela se sinta externamente. Por isso, mesmo quando ela tem uma recaída e pensa do jeito antigo, acaba se sentindo bem em relação a isso.

Tom, 37 anos

Tom chegou à clínica se descrevendo como "viciado profissional". Nos últimos 15 anos, ele se viciou em álcool, drogas, cigarros, sexo, jogo e comida. Às vezes o problema era só um vício, mas em outras ocasiões, eram vários ao mesmo tempo. Ele entrou e saiu de clínicas de reabilitação algumas vezes e pertencia a tantos grupos de apoio que tinha apenas uma noite livre por semana para relaxar ou encontrar o que chamava de "amigos não viciados".

É importante dizer: se você percebe que coloca a si mesmo ou outras pessoas em risco devido ao envolvimento com vícios, é preciso consultar um médico antes de seguir uma abordagem como o do *mindfulness*. Tom foi ao médico várias vezes, mas sentia que tinha esgotado todas as opções e continuava recaindo em seus antigos padrões de comportamento.

Tom era solteiro e não tinha filhos, embora quisesse desesperadamente ter uma família. Para complicar, ele percebeu que provavelmente era gay. Tom se envolveu em vários relacionamentos, mas nenhum durou graças ao apetite insaciável que ele tinha por algo novo. Ele estava sempre buscando algo e se sentia bem quando encontrava, mas logo depois ficava inquieto e mergulhava em uma série de distrações. Havia as socialmente aceitáveis, como comer e beber, e as que ele escondia de todos.

Tom fez tanta terapia ao longo da vida que acreditava saber tudo, e não era mais receptivo a novas ideias. Parecia que todos os seus sentimentos tinham sido analisados, desmontados e reunidos na forma de uma avaliação psiquiátrica. Isso não acontece só com a terapia, também pode acontecer com a meditação e com o *mindfulness* quando as ideias são aplicadas em nível intelectual, mas não chegam a fazer parte da pessoa. Mas é um processo muito mais difícil de acontecer na meditação, pois não há como se esconder no silêncio da prática. Alguns tratamentos feitos por ele foram importantíssimos, e os grupos de apoio continuavam sendo uma ótima fonte de conforto e segurança, mas Tom estava decepcionado com as pessoas.

Histórias da clínica

Aquela foi uma boa oportunidade para lembrá-lo que eu não poderia prometer resultados, mas podia falar das pesquisas envolvendo *mindfulness* e vícios e falar dos resultados que outros pacientes da clínica tiveram com os exercícios. Eu expliquei que o sucesso dependeria da sua disposição em seguir o programa, da sua disciplina para meditar diariamente e do seu compromisso de manter a mente aberta. Tom concordou e saiu da clínica muito otimista após aprender o exercício de dez minutos que seria a lição de casa daquela semana. Ele se surpreendeu por ter achado mais fácil do que esperava e ficou ainda mais empolgado.

A meditação pode parecer um conceito estranho para quem nunca praticou, então até faz sentido achar que vai ser impossível. Mas quando você realmente tenta e vê que consegue, descobre que nem é tão difícil assim. Basta tirar dez minutos para relaxar e apreciar o silêncio. Mesmo se a mente estiver uma bagunça no começo, o simples fato de conseguir ficar sentado por dez minutos aumenta a crença e a confiança interna de que vai conseguir fazer isso sempre.

Essa abordagem era diferente de tudo que o Tom havia tentado até então. Ele estava acostumado a fazer terapia semanal há anos e disse que o "trabalho" geralmente era feito durante a sessão. Às vezes ele recebia algo para pensar ao longo da semana, mas basicamente era uma questão de ir lá e falar sobre os problemas da infância. Ele sentia que a responsabilidade de "entendê-lo" era totalmente do terapeuta. Aproveitei para explicar que eu não era terapeuta e a responsabilidade estaria com ele dessa vez. Essa ideia o assustou um pouco, pois se ele era responsável, também seria o culpado caso o processo não desse certo. Não importa o quanto eu explicasse que não existe **culpa** na meditação, ele não pareceu se convencer disso.

Embora não seja adequado dizer que Tom ficou viciado em meditação, ele praticava com um entusiasmo e disciplina impressionantes. Será que a dependência de uma substância foi substituída pela dependência de algo que ele sentiu ao meditar? Talvez sim, embora pareça ser muito mais do que isso. Além do mais, se era para ser viciado em algo na vida, fica difícil imaginar algo mais benéfico do que a meditação. Para abordar a questão dos vícios, também discutimos a possibilidade de ele vir à clínica quinzenalmente e depois apenas uma vez por mês, em vez de toda semana. Esses foram passos imensos para Tom, pois significava assumir a responsabilidade pela própria saúde em vez de culpar outra pessoa caso não desse certo. Ele ainda me procura quando enfrenta uma situação difícil ou precisa de orientação, mas, no geral, está feliz com a própria situação e com o que acontece tanto em sua mente quanto na vida. Ele ainda frequenta alguns grupos de apoio, mas agora sente que está lá para ajudar os outros em vez de receber ajuda.

DIÁRIO

PRIMEIRO DIA

1. Você conseguiu fazer o Take10 hoje? ○ Sim ○ Não
Se você não conseguiu meditar hoje, em vez de se criticar por isso, apenas lembre o quanto é importante obter um pouco de clareza mental e coloque a meditação na agenda de amanhã.

2. Como você se sentiu imediatamente *antes* de fazer o Take10?
Você ficou confortável com essa sensação? ○ Sim ○ Não

3. Como você se sentiu imediatamente *após* o Take10?
Você ficou confortável com essa sensação? ○ Sim ○ Não

4. Como estava o seu humor hoje e como ele mudou ao longo do dia?

5. Você estava consciente dos pequenos detalhes ao longo do dia?
○ Sim ○ Não
Você notou a temperatura da água no chuveiro hoje de manhã?
○ Sim ○ Não

6. Você percebeu algo hoje que nunca tinha notado antes? Se sim, o que foi?

SEGUNDO DIA

1. Você conseguiu fazer o Take10 hoje? ○ Sim ○ Não
   Se você não conseguiu meditar hoje, em vez de se criticar por isso, apenas lembre o quanto é importante obter um pouco de clareza mental e coloque a meditação na agenda de amanhã.

2. Como você se sentiu imediatamente *antes* de fazer o Take10? Você ficou confortável com essa sensação? ○ Sim ○ Não

3. Como você se sentiu imediatamente *após* o Take10? Você ficou confortável com essa sensação? ○ Sim ○ Não

4. Como estava o seu humor hoje e como ele mudou ao longo do dia?

5. Você estava consciente dos pequenos detalhes ao longo do dia?
   ○ Sim ○ Não
   Você notou a temperatura da água no chuveiro hoje de manhã?
   ○ Sim ○ Não

6. Você percebeu algo hoje que nunca tinha notado antes? Se sim, o que foi?

TERCEIRO DIA

1 Você conseguiu fazer o Take10 hoje? ◯ Sim ◯ Não
Se você não conseguiu meditar hoje, em vez de se criticar por isso, apenas lembre o quanto é importante obter um pouco de clareza mental e coloque a meditação na agenda de amanhã.

2 Como você se sentiu imediatamente *antes* de fazer o Take10? Você ficou confortável com essa sensação? ◯ Sim ◯ Não

3 Como você se sentiu imediatamente *após* o Take10? Você ficou confortável com essa sensação? ◯ Sim ◯ Não

4 Como estava o seu humor hoje e como ele mudou ao longo do dia?

5 Você estava consciente dos pequenos detalhes ao longo do dia?
◯ Sim ◯ Não
Você notou a temperatura da água no chuveiro hoje de manhã?
◯ Sim ◯ Não

6 Você percebeu algo hoje que nunca tinha notado antes? Se sim, o que foi?

QUARTO DIA

1. Você conseguiu fazer o Take10 hoje? ◯ Sim ◯ Não
Se você não conseguiu meditar hoje, em vez de se criticar por isso, apenas lembre o quanto é importante obter um pouco de clareza mental e coloque a meditação na agenda de amanhã.

2. Como você se sentiu imediatamente *antes* de fazer o Take10? Você ficou confortável com essa sensação? ◯ Sim ◯ Não

3. Como você se sentiu imediatamente *após* o Take10? Você ficou confortável com essa sensação? ◯ Sim ◯ Não

4. Como estava o seu humor hoje e como ele mudou ao longo do dia?

5. Você estava consciente dos pequenos detalhes ao longo do dia?
◯ Sim ◯ Não
Você notou a temperatura da água no chuveiro hoje de manhã?
◯ Sim ◯ Não

6. Você percebeu algo hoje que nunca tinha notado antes? Se sim, o que foi?

QUINTO DIA

● ●

1. Você conseguiu fazer o Take10 hoje?   ○ Sim   ○ Não
   Se você não conseguiu meditar hoje, em vez de se criticar por isso, apenas lembre o quanto é importante obter um pouco de clareza mental e coloque a meditação na agenda de amanhã.

● ●

2. Como você se sentiu imediatamente *antes* de fazer o Take10?
   Você ficou confortável com essa sensação?   ○ Sim   ○ Não

● ●

3. Como você se sentiu imediatamente *após* o Take10?
   Você ficou confortável com essa sensação?   ○ Sim   ○ Não

● ●

4. Como estava o seu humor hoje e como ele mudou ao longo do dia?

● ●

5. Você estava consciente dos pequenos detalhes ao longo do dia?
   ○ Sim   ○ Não
   Você notou a temperatura da água no chuveiro hoje de manhã?
   ○ Sim   ○ Não

● ●

6. Você percebeu algo hoje que nunca tinha notado antes? Se sim, o que foi?

SEXTO DIA

1 Você conseguiu fazer o Take10 hoje? ⚪ Sim ⚪ Não
   Se você não conseguiu meditar hoje, em vez de se criticar por isso, apenas lembre o quanto é importante obter um pouco de clareza mental e coloque a meditação na agenda de amanhã.

2 Como você se sentiu imediatamente *antes* de fazer o Take10? Você ficou confortável com essa sensação? ⚪ Sim ⚪ Não

3 Como você se sentiu imediatamente *após* o Take10? Você ficou confortável com essa sensação? ⚪ Sim ⚪ Não

4 Como estava o seu humor hoje e como ele mudou ao longo do dia?

5 Você estava consciente dos pequenos detalhes ao longo do dia?
   ⚪ Sim ⚪ Não
   Você notou a temperatura da água no chuveiro hoje de manhã?
   ⚪ Sim ⚪ Não

6 Você percebeu algo hoje que nunca tinha notado antes? Se sim, o que foi?

SÉTIMO DIA

1 Você conseguiu fazer o Take10 hoje? ◯ Sim ◯ Não
Se você não conseguiu meditar hoje, em vez de se criticar por isso, apenas lembre o quanto é importante obter um pouco de clareza mental e coloque a meditação na agenda de amanhã.

2 Como você se sentiu imediatamente *antes* de fazer o Take10?
Você ficou confortável com essa sensação? ◯ Sim ◯ Não

3 Como você se sentiu imediatamente *após* o Take10?
Você ficou confortável com essa sensação? ◯ Sim ◯ Não

4 Como estava o seu humor hoje e como ele mudou ao longo do dia?

5 Você estava consciente dos pequenos detalhes ao longo do dia?
◯ Sim ◯ Não
Você notou a temperatura da água no chuveiro hoje de manhã?
◯ Sim ◯ Não

6 Você percebeu algo hoje que nunca tinha notado antes? Se sim, o que foi?

OITAVO DIA

1 Você conseguiu fazer o Take10 hoje? ◯ Sim ◯ Não
Se você não conseguiu meditar hoje, em vez de se criticar por isso, apenas lembre o quanto é importante obter um pouco de clareza mental e coloque a meditação na agenda de amanhã.

2 Como você se sentiu imediatamente *antes* de fazer o Take10?
Você ficou confortável com essa sensação? ◯ Sim ◯ Não

3 Como você se sentiu imediatamente *após* o Take10?
Você ficou confortável com essa sensação? ◯ Sim ◯ Não

4 Como estava o seu humor hoje e como ele mudou ao longo do dia?

5 Você estava consciente dos pequenos detalhes ao longo do dia?
◯ Sim ◯ Não
Você notou a temperatura da água no chuveiro hoje de manhã?
◯ Sim ◯ Não

6 Você percebeu algo hoje que nunca tinha notado antes? Se sim, o que foi?

NONO DIA

···

1 Você conseguiu fazer o Take10 hoje? ○ Sim ○ Não
Se você não conseguiu meditar hoje, em vez de se criticar por isso, apenas lembre o quanto é importante obter um pouco de clareza mental e coloque a meditação na agenda de amanhã.

···

2 Como você se sentiu imediatamente *antes* de fazer o Take10? Você ficou confortável com essa sensação? ○ Sim ○ Não

···

3 Como você se sentiu imediatamente *após* o Take10? Você ficou confortável com essa sensação? ○ Sim ○ Não

···

4 Como estava o seu humor hoje e como ele mudou ao longo do dia?

···

5 Você estava consciente dos pequenos detalhes ao longo do dia?
○ Sim ○ Não
Você notou a temperatura da água no chuveiro hoje de manhã?
○ Sim ○ Não

···

6 Você percebeu algo hoje que nunca tinha notado antes? Se sim, o que foi?

DÉCIMO DIA

1. Você conseguiu fazer o Take10 hoje? ◯ Sim ◯ Não
Se você não conseguiu meditar hoje, em vez de se criticar por isso, apenas lembre o quanto é importante obter um pouco de clareza mental e coloque a meditação na agenda de amanhã.

2. Como você se sentiu imediatamente *antes* de fazer o Take10? Você ficou confortável com essa sensação? ◯ Sim ◯ Não

3. Como você se sentiu imediatamente *após* o Take10? Você ficou confortável com essa sensação? ◯ Sim ◯ Não

4. Como estava o seu humor hoje e como ele mudou ao longo do dia?

5. Você estava consciente dos pequenos detalhes ao longo do dia?
◯ Sim ◯ Não
Você notou a temperatura da água no chuveiro hoje de manhã?
◯ Sim ◯ Não

6. Você percebeu algo hoje que nunca tinha notado antes? Se sim, o que foi?

FONTES DAS PESQUISAS CIENTÍFICAS

A ABORDAGEM

1. The Mental Health Foundation. (2010). *The Mindfulness Report*. Londres: The Mental Health Foundation. http://www.bemindful.co.uk/about_mindfulness/mindfulness_evidence#

2. Davidson, R. J., Kabat-Zinn, J., Schumacher, J., Rosenkranz, M., Muller, D., Santorelli, S. F., *et al.* (2003). "Alterations in brain and immune function produced by mindfulness meditation". *Psychosomatic Medicine*, 65(4), 564—570.

3. Lieberman, M. D., Eisenberger, N. I., Crockett, M. J., Tom, S. M., Pfeifer, J. H., & Way, B. M. (2007). "Putting Feelings Into Words: Affect Labeling Disrupts Amygdala Activity in Response to Affective Stimuli". [Artigo]. *Psychological Science*, 18(5), 421-428. doi: 10.1111/j.1467-9280.2007. 01916.x

Creswell, J. D., Way, B. M., Eisenberger, N. I., & Lieberman, M. D. (2007). "Neural correlates of dispositional mindfulness during affect labeling". *Psychosomatic Medicine*, 69(6), 560-565. doi: 10.1097/PSY.0b0 13e3180f6171f.

4. Benson H., Beary J. F., Carol M. P.: "The relaxation response". *Psychiatry*, 1974; 37: 37-45.

   Wallace R. K., Benson H., Wilson A. F: "A wakeful hypometabolic state". *Am J Physiol*, 1971; 221: 795-799.

   Hoffman J. W., Benson H., Arns P. A. *et al*: "Reduced sympathetic nervous system responsivity associated with the relaxation response". *Science*, 1982; 215: 190-192.

   Peters R. K., Benson H., Peters J. M.: "Daily relaxation response breaks in a working population: II. Effects on blood pressure". *Am J Public Health*, 1977; 67: 954-959.

   Bleich H. L., Boro E. S.: "Systemic hypertension and the relaxation response". *N Engl J Med*, 1977; 296: 1152-1156.

   Benson H., Beary J. F., Carol M. P.: "The relaxation response". *Psychiatry*, 1974; 37: 37-45.

   Davidson, R. J., Kabat-Zinn, J., Schumacher, J., Rosenkranz, M., Muller, D., Santorelli, S. F., *et al*. (2003). "Alterations in brain and immune function produced by mindfulness meditation". *Psychosomatic Medicine*, 65(4), 564-570. doi: 10.1097/01.psy.0000077505.67574.e3.

5. Miller, John J., Ken Fletcher, and Jon Kabat-Zinn. 1995. "Three-year follow-up and clinical implications of a mindfulness meditation-based stress reduction intervention in the treatment of anxiety disorders". *General Hospital Psychiatry* 17, (3) (05): 192-200.

   Kabat-Zinn, J., Massion, A. O., Kristeller, J., Peterson, L. G., Fletcher, K., Pbert, L., *et al*. (1992). "Effectiveness of a meditation-based stress reduction program in the treatment of anxiety disorders." *American Journal of Psychiatry*, 149, 936-943.

Fontes das pesquisas científicas

A PRÁTICA

1. Grant, J. A., Courtemanche, J., Duerden, E. G., Duncan, G. H., & Rainville, P. (2010). "Cortical thickness and pain sensitivity in zen meditators". *Emotion*, 10(1), 43-53. doi: 10.1037/a0018334.

2. Kuyken, W., Byford, S., Taylor, R. S., Watkins, E., Holden, E., White, K., et al. (2008). "Mindfulness-based cognitive therapy to prevent relapse in recurrent depression". *Journal of Consulting and Clinical Psychology*, 76(6), 966-978. doi: 10.1037/a0013786.

3. Kabat-Zinn, J., Wheeler, E., Light, T., Skillings, A., Scharf, M. J., Cropley, T. G., et al. (1998). "Influence of a mindfulness meditation-based stress reduction intervention on rates of skin clearing in patients with moderate to severe psoriasis undergoing phototherapy (UVB) and photo-chemotherapy (PUVA)". *Psychosomatic Medicine*, 60(5), 625-632.

4. Hofmann, S. G., Sawyer, A. T., Witt, A. A., & Oh, D. (2010). "The effect of mindfulness-based therapy on anxiety and depression: A meta-analytic review". *Journal of Consulting and Clinical Psychology*, 78(2), 169-183. doi: 10.1037/a0018555.

5. Buck Louis, G. M., Lum, K. J., Sundaram, R., Chen, Z., Kim, S., Lynch, C. D., (...) Pyper, C. "Stress reduces conception probabilities across the fertile window: evidence in support of relaxation". *Fertility and Sterility*, In Press, Corrected Proof. doi: 10.1016/j.fertnstert.2010.06.078.

6. Universidade de Oxford (11 de agosto de 2010). Estudo sugere que alto nível de estresse pode adiar a gravidez de mulheres. Acessado no dia 12 de janeiro de 2011 em https://www.nih.gov/news-events/news-releases/nih-study-indicates-stress--may-delay-women-getting-pregnant.

A INTEGRAÇÃO

1. Kristeller, J. L., & Hallett, C. B. (1999). "An Exploratory Study of a Meditation-based Intervention for Binge Eating Disorder". *Journal of Health Psychology*, 4(3), 357-36.

   Tang, Y. Y., Ma, Y., Fan, Y., Feng, H., Wang, J., Feng, S., (...) Fan, M. (2009). "Central and autonomic nervous system interaction is altered by short-term meditation". *Proceedings of the National Academy of Sciences of the United States of America*, 106(22), 8865-8870.

   Tang, Y.-Y., Lu, Q., Geng, X., Stein, E. A., Yang, Y., & Posner, M. I. (2010). "Short-term meditation induces white matter changes in the anterior cingulate". *Proceedings of the National Academy of Sciences*, 107(35), 15649-15652.

2. University of Pennsylvania, (12 de fevereiro de 2010). "Building Fit Minds Under Stress: Penn Neuroscientists Examine the Protective Effects of Mindfulness Training." Acessado no dia 9 de janeiro de 2011 em http://www.upenn.edu/pennnews/news/building-fit-minds-under-stress-penn-neuroscientists--examine-protective-effects-mindfulness-tra.

3. Jacobs, G. D., Benson, H., & Friedman, R. (1996). "Perceived Benefits in a Behavioral-Medicine Insomnia Program: A Clinical Report". *The American Journal of Medicine*, 100(2), 212-216. doi: 10.1016/ s0002-9343(97)89461-2.

   Ong, J. C., Shapiro, S. L., & Manber, R. (2008). "Combining Mindfulness Meditation with Cognitive-Behavior Therapy for Insomnia: A Treatment-Development Study". *Behavior Therapy*, 39(2), 171-182. doi: 10.1016/ j.beth.2007.07.002.

Fontes das pesquisas científicas

Ong, J. C., Shapiro, S. L., & Manber, R. (2009). "Mindfulness Meditation and Cognitive Behavioral Therapy for Insomnia: A Naturalistic 12-Month Follow-up". *EXPLORE: The Journal of Science and Healing*, 5(1), 30-36. doi: 10.1016/j.explore.2008.10.004.

4. Zeidan, F., Johnson, S. K., Diamond, B. J., David, Z., & Goolkasian, P. (2010). "Mindfulness meditation improves cognition: Evidence of brief mental training". *Consciousness and Cognition*, 19(2), 597-605. doi: 10.1016/j.concog.2010.03.014.

   Universidade da Carolina, (16 de abril de 2010). Experimento mostra que breves exercícios meditativos ajudam a cognição. Acessado no dia 9 de janeiro de 2011 em https://news.uncc.edu/news-events/news-releases/experiment-shows-brief-meditative-exercise-helps-cognition.

5. Pagnoni, G., & Cekic, M. (2007). "Age effects on gray matter volume and attentional performance in Zen meditation". *Neurobiology of Aging*, 28(10), 1623-1627. doi: 10.1016/j.neurobiolaging.2007.06.008.

HEADSPACE

. . . .

Para obter mais informações sobre o Headspace, visite headspace.com ou procure Headspace na App Store ou no Google Play.

. . . .

Para se juntar à conversa sobre clareza mental, você pode curtir a nossa página no Facebook, seguir o Headspace no Twitter ou visitar o canal do Headspace no YouTube. [em inglês]

Facebook: HeadspaceOfficial
Twitter: @Andy_headspace
YouTube: Getsomeheadspace

Você também vai encontrar artigos do Andy sobre meditação e *mindfulness* no nosso blog *headspace daily*. [em inglês]

Este livro foi composto na tipografia
Dante MT Std, em corpo 11,5/15, e impresso em
papel off-white no Sistema Digital Instant Duplex
da Divisão Gráfica da Distribuidora Record.